好玩到停不下来的

图形游戏

Burning Brain

李洁 著

中国法制出版社
CHINA LEGAL PUBLISHING HOUSE

前言

图形游戏是最能考验读者的观察能力、分析能力、判断能力和逻辑思维能力的游戏之一。本书旨在通过有趣的图形游戏训练，帮助读者全面提升这些能力，培养耐心、细致的习惯，并将这些能力和习惯带入工作和生活中。

本书分为四个部分：

第一部分是图形迷宫。此部分收集了 31 个经典的迷宫游戏，让读者在曲折蜿蜒的迷宫中勇敢探索，不断尝试，最终找到正确的路径。

第二部分是图形观察。此部分通过让读者观察分析图形中的细节，提高读者的观察能力。

第三部分是图形规律。此部分主要考验读者的分析能力，通过将图形归类、分解或变换观察视角，找出不同图形之间的内在联系。

第四部分是看图填数。此部分主要是让读者寻找数字之间的有趣联系，把握图中数字的变化规律，提升读者的判断能力和逻辑思维能力。

书中集结了 200 多个精心挑选的图形游戏，并在每一个游戏下方配上了智慧点拨，帮助读者找到解题的灵感和思路。每章最后附有答案和详细的解析，帮助读者知其然，并知其所以然。希望读者通过阅读本书，能提升思维能力，收获成功的喜悦。

目录

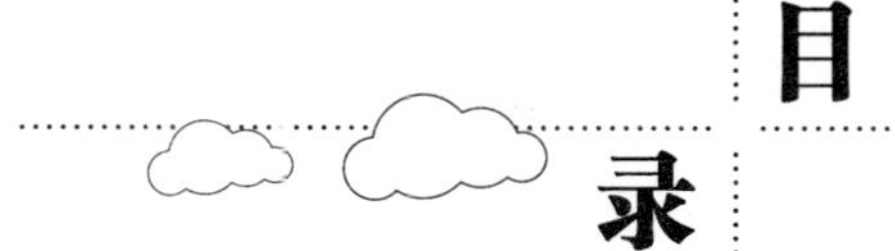

第一章 抽丝剥茧，走出图形迷宫

第二章　精细观察，考考你的眼力

第三章　认真分析，发现图形规律

第四章 冷静归纳，看图填数字

第一章

抽丝剥茧，走出图形迷宫

1探索地下城堡

这是一座地下城堡，其中埋藏了许多宝藏，请你用最快的速度从城堡入口出发，找到出口。

通过入口处中间的那条道路才能真正走向出口。

2 疯狂的恐龙

侏罗纪世界，恐龙来到人类的家园开始了疯狂的扫荡，你看，它把克罗斯家唯一的电视机吞到了肚子里面。现在，请你顺着恐龙的肠子，把电视机从它的肚子里面取出来。

智慧点拨

走迷宫的时候，你最好先用铅笔，从起点开始，尽量顺着弯曲较少的地方行走。

3 寻找遗留的宝藏

16 世纪，有人遗留了一座巨大的宝藏。几百年过去了，这个秘密终于被世人所知，于是探险者纷纷赶来，想找到这些宝藏。但是这些宝藏藏在一座迷宫内，你能穿过迷宫内曲曲折折的小道，找到这些宝藏吗？

智慧点拨

从入口通往宝藏的路都在迷宫中间，所以，你在找路的过程中应尽量避免周围的线路。

4 无法逃脱的飞蛾

飞蛾撞到蜘蛛网后，还在不断地挣扎，蜘蛛怎么走才能用最短的时间吃掉挣扎的飞蛾呢？

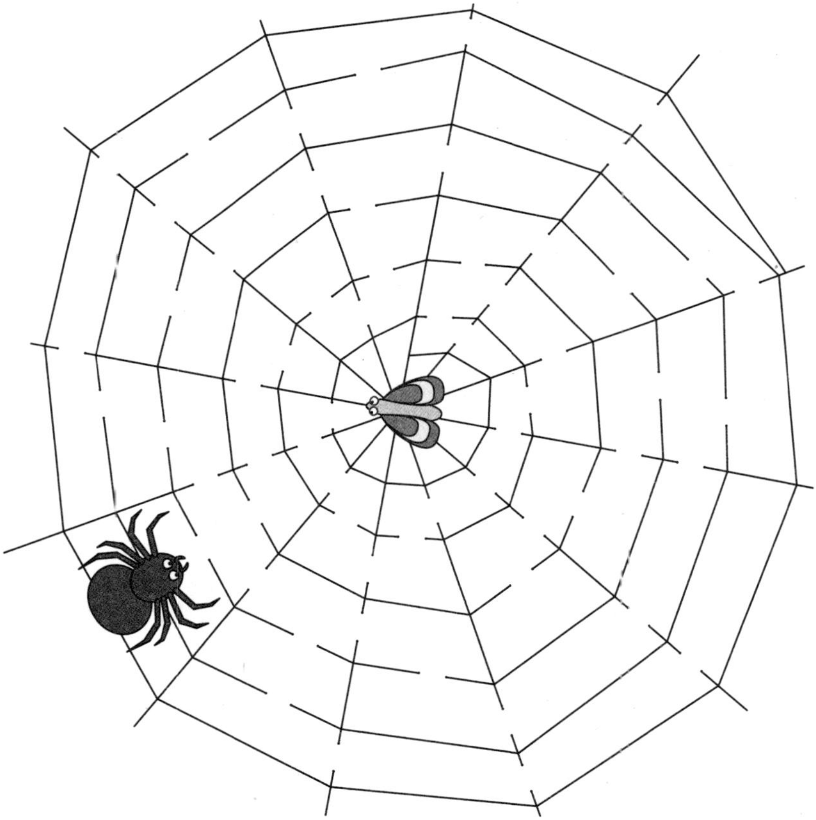

看上去绕远的路有可能是距离最近的路。

5 海盗寻宝

有3个海盗结伴去未名岛上寻找宝藏。经过一番努力，他们终于发现了藏有宝藏的迷宫，但是他们不知道哪条道路才能通往宝藏，于是3个人各自选择了一个入口，开始往宝藏处走。猜一猜，最终是哪个海盗找到了宝藏呢？

你可以从宝藏处出发，看它最后到底通往哪个海盗。

6 强大的章鱼

章鱼先生决定举办一个迷宫比赛，让小鱼从它身体的一侧到达另一侧，走不出去的小鱼将成为它的晚餐。你能帮助一下这些小鱼吗？

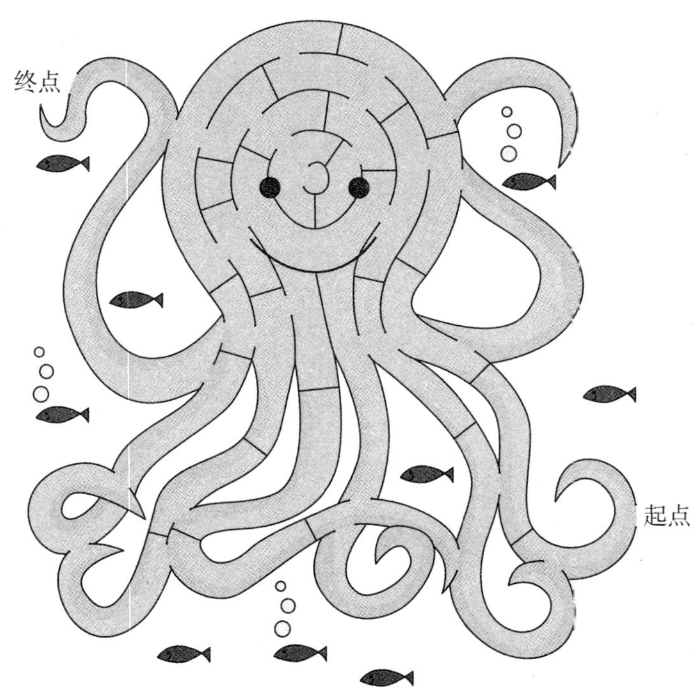

一定要小心地绕过章鱼先生的嘴巴。

7 乱七八糟的录像带

汤姆用新买的摄像机拍了 4 盘家庭像带，还没有来得及编号、起名字，就被来做客的吉普森不小心弄得乱七八糟。请你帮忙来找一找汤姆的摄像机究竟连着哪幅画面。

录像带交叉的路线很多，所以在做这道题时，拿一支铅笔沿着摄像机连着的那根线走不容易出错。

8 找食物

鹦鹉正准备吃午餐时，才发现它的食物袋落到了复杂的迷宫下面，请你帮它找一条正确的路线，让它顺利吃到午餐。

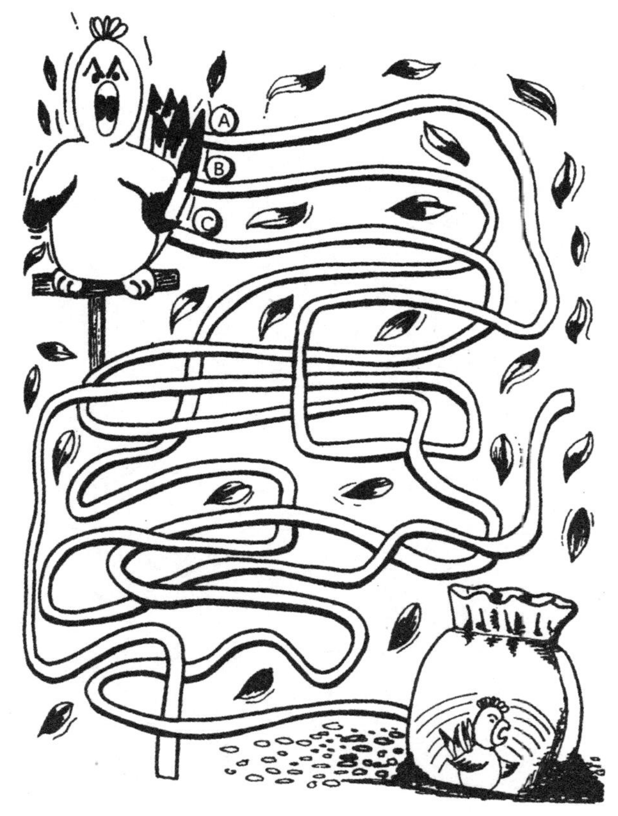

A、B、C 三条路中，只有一条路能到达鹦鹉的食物袋，为了快速分辨，不妨从食物处倒着走回去。

9 圆圈迷宫

图中是一座由线和小圆圈组成的迷宫。要你从外围标有数字1—8 的这 8 个双层的圆圈开始，沿着黑线行走，一直走到中心的 H 圈内。每个小圆圈内的数，规定了你下一步应该走的圆圈数。如你从外围标有“3”的圆圈开始走，那么你第一步必须走过三个互相连接的圆圈。

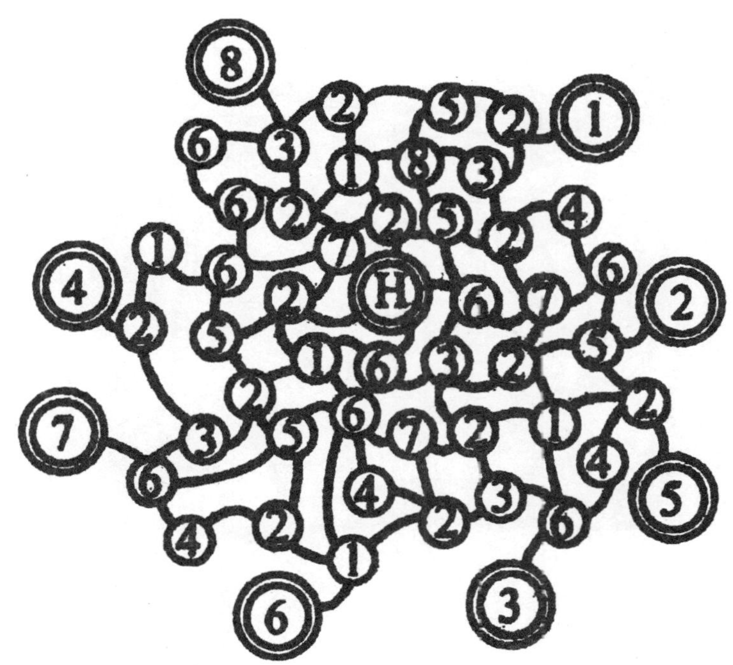

智慧点拨

在正式开始之前，你不妨先研究一下与 H 圈相连接的几条路的走向。

10 不能重复的路线

下图中是某州的 23 个主要城镇，它们通过漂亮的车道相连。现在某人要从 23 号城镇开始他的夏季旅行，最终目的地是 1 号城镇，他希望这次旅行可以途经每一个城镇，且不重复走过任何一条道路，请你帮他规划一下路线。

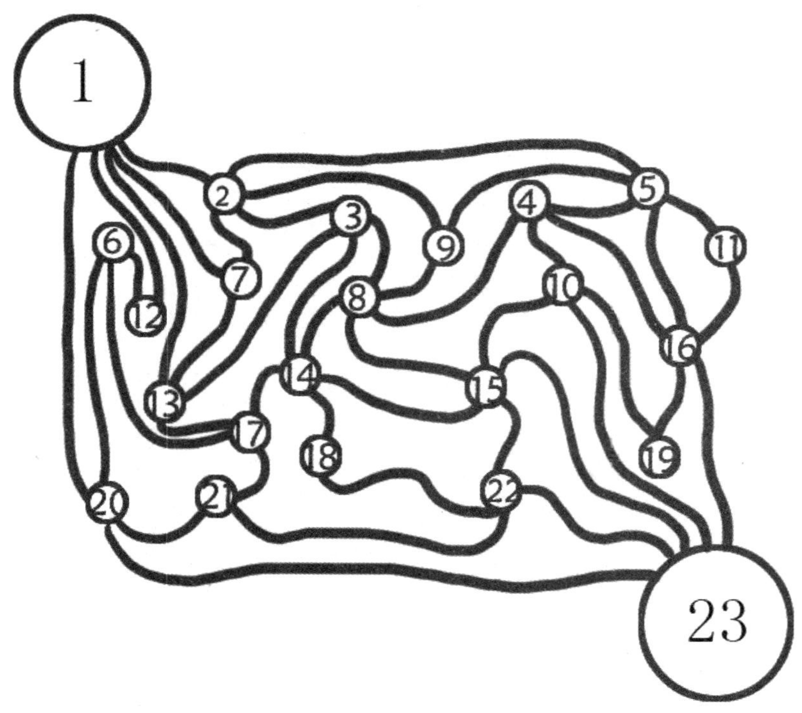

为了到达目的地，有时你必须要走弯路，所以，路线的长短在这里是不必考虑的问题。

11蛇象传奇

图中的蛇与大象在进行一项特殊的比赛，请你仔细看看，拿着狼牙棒的是蛇还是大象。

从狼牙棒开始，反向推出到底是哪个动物拿着狼牙棒。

⓬木棒搭成的迷宫

图为木棒搭成的迷宫，请你以最快的速度从入口处走到出口处。

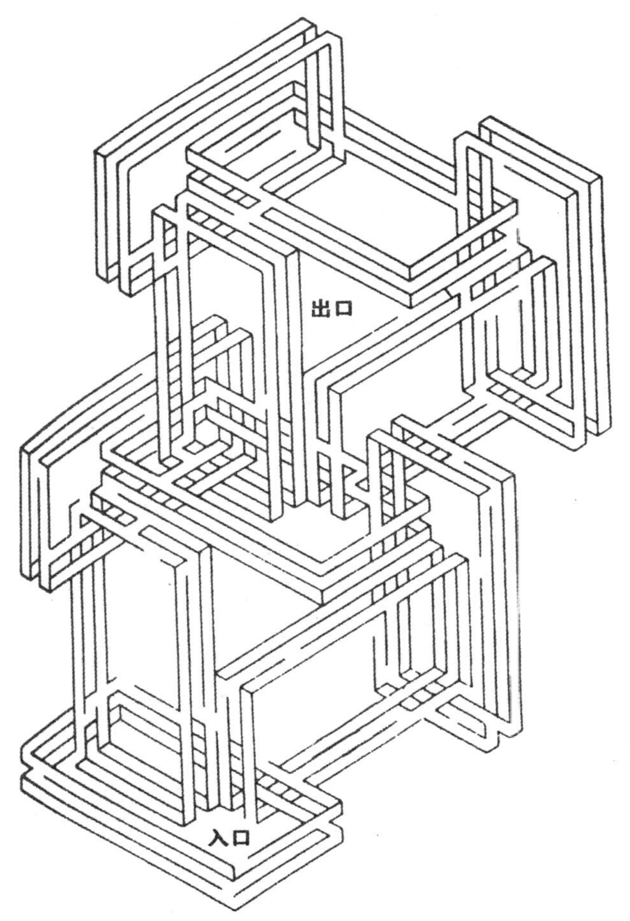

从入口处最左侧进入迷宫，你就能找到正确的道路。

⓭找宝藏的士兵

国王派了6个士兵去迷宫寻找宝藏，6个士兵分别站在迷宫的6个入口。请你仔细观察，看哪个士兵能找到宝藏。

可以从宝藏处出发，看出路通向哪个士兵，这样就缩短了做游戏的时间。

14 凯尔特十字

凯尔特十字起源于欧洲，是一种相当古老的占卜牌型，但它也可以作为一个迷宫出现在游戏者的面前。请你从入口处开始，以最快的速度到达出口处。

正确的路线将穿过凯尔特十字的每一个区域。

⓯花园里的小道

有一个花园的小道被设计成了迷宫的式样，为了在看到花园美丽的景色后能“全身而退”，请先规划出一条正确的路线。

通往花园的正确道路在入口处的右下角。

16 约翰的房子

毛毛虫约克建造了一座迷宫房子。一天，约克的朋友来造访，但这位朋友不知道进入房间的道路，请你快速为它指出正确的路。

智慧点拨

正确的路线从迷宫的最左边穿过，所以在选择路线时应尽量靠左。

17 复杂的迷宫

图中是一个较为复杂的迷宫，不过，相信你在走了那么多迷宫后，能以最快的速度走出来。

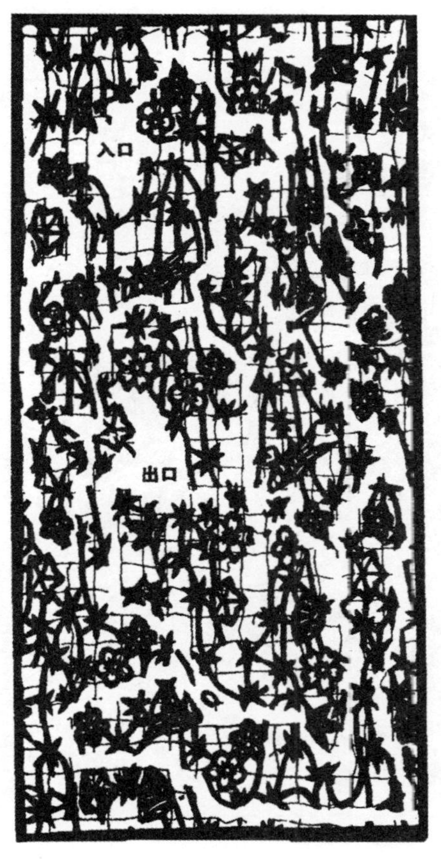

迷宫的入口只有一个，在右上角，而迷宫的路线只是简单地穿越了从上到下的中间区域。

18 百里挑插头

哈比买了一辆电动汽车，但是他不小心将电动汽车的插头与其他电器的插头混在了一起。请你来帮他找找看，电动汽车的插头到底是哪个？

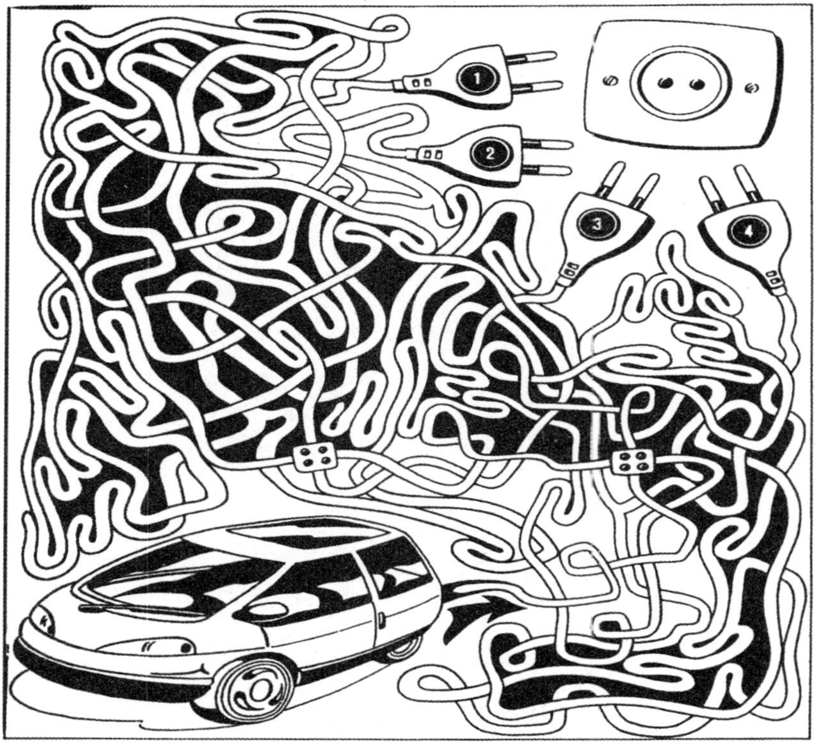

电动汽车的插头是2号。

19数字城堡

下图是由数字组成的城堡，要如何走，才能从入口处顺利地走到出口处？

不一定每一个数字都要走到。

20 看似简单的迷宫

下图中的迷宫看似简单，但要顺利走到出口处是要花费一番工夫的，请你试着走一下。

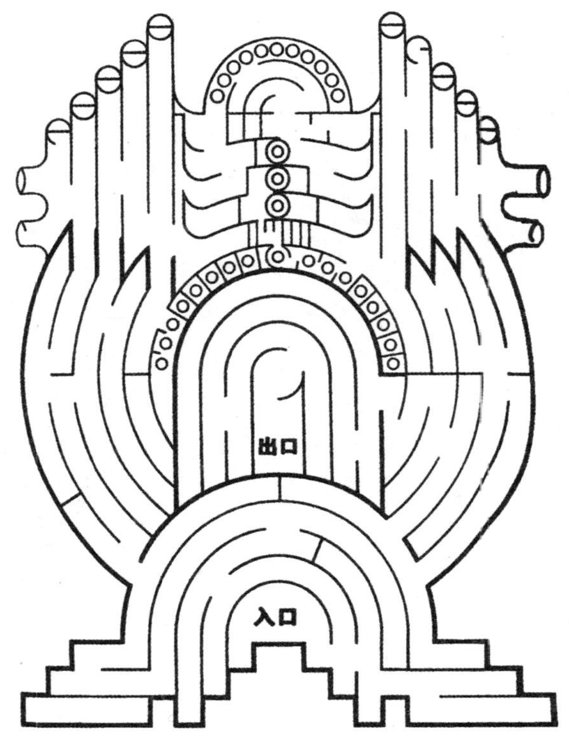

正确的路线并未穿过图最上端手指状的木牌。

21 探索未知的星球

两名宇航员来到太空，想探索一些未知的星球。到了某一个星球上时，一名宇航员掉入了复杂的迷宫中，并意外地发现了一些非常重要的线索。后来，他通过特殊的方式与同伴取得了联系，并让同伴也到迷宫内部来。现在，请你指出一条正确的路线，让这两名宇航员会合。

智慧点拨

你可以顺着迷宫外围的方向进入迷宫内部。

22 几何图形迷宫

下图为许多几何图形组成的迷宫，请你快速找到一条正确的路线。

寻找这道题的答案时你可以避开迷宫左下角的部分。

23英勇的骑士

巫婆把公主抓走了，并将她囚禁在一座迷宫城堡里。一个勇敢的骑士想救出这位美丽的公主，请你帮他找到通往城堡的道路。

如果勇士找不到公主，那就让公主去找勇士好了。

24 复杂的暗河

小蚂蚁在外出游玩时，不小心掉进了复杂的暗河，现在的它，什么也看不到，只能靠你的帮助。请你帮小蚂蚁找到一条到达陆地的河道，并用彩笔画出来。

智慧点拨

如果遇到死胡同怎么办？那就只能退回来重走一遍。

25探险者

探险者不小心走到了一个迷宫的前面，他只有走到迷宫内部的密室，找到其中的秘密武器才能全身而退。可是迷宫的路线非常曲折，一不小心就会走入死胡同。现在，他需要你的帮助，请你规划一条完整的线路让他成功地走出迷宫。

规划路线时没有必要选择迷宫最外面的道路。

26 细胞结构图

请以最快的速度找到一条通向出口处的正确道路。

虽然这座迷宫看起来杂乱无章，但只要你冷静下来，多试几次，就能顺利地走出来。

27 圣诞老人送礼物

圣诞之夜，圣诞老人送完了礼物也要回家过节了。你能找到他回家时的路线吗？

或许你从边上两条线路开始试能比较快地找到答案。

28 躲避敌人

小蚂蚁外出时碰到了强大的敌人，它不得已只好躲进了迷宫。幸好，这个迷宫还有另外一条出路，可以让小蚂蚁轻松地逃出敌人的控制范围。现在，请你帮小蚂蚁找到这条道路。

要快速找到走出迷宫的安全路线，就要尽量靠左边走。

29 城堡里的迷宫

下图是城堡中的一个迷宫，请你从入口处出发，以最快的速度走出迷宫。

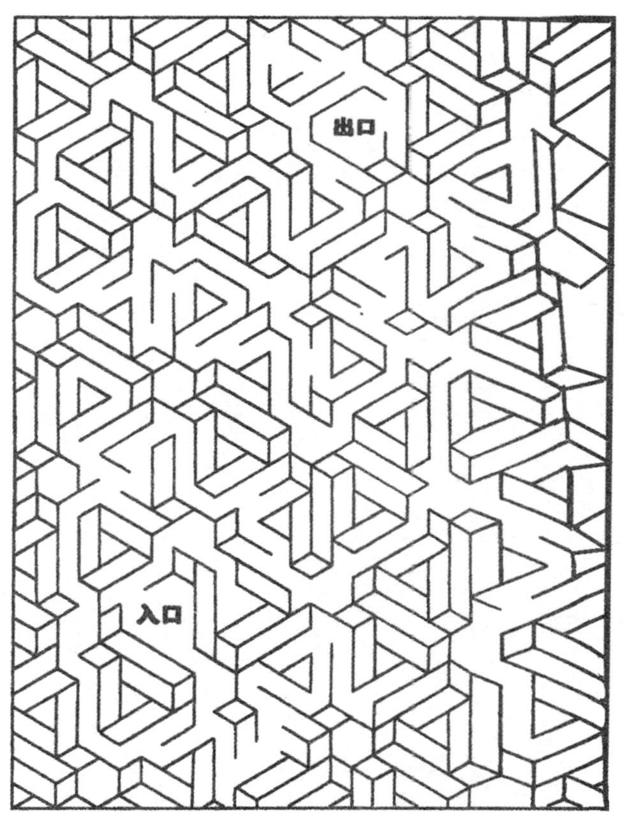

从入口处出发时，可以先往图片下方走。

30 黑色幽灵的藏身之处

迷宫中藏了一个黑色幽灵，请你从秘密入口进入，到达黑色幽灵的藏身之处并捉住它。

秘密入口

如果一条路走不通的话，那也只能试试另一条路了。

31 跨栏

欢迎参加“跨栏迷宫”大赛。为了完成比赛，选手必须找出最短的路线并且跨过偶数数量的栏杆。同时，所跨栏上的数字相加必须是最大值。图中每个正方形盒子各代表一个栏。

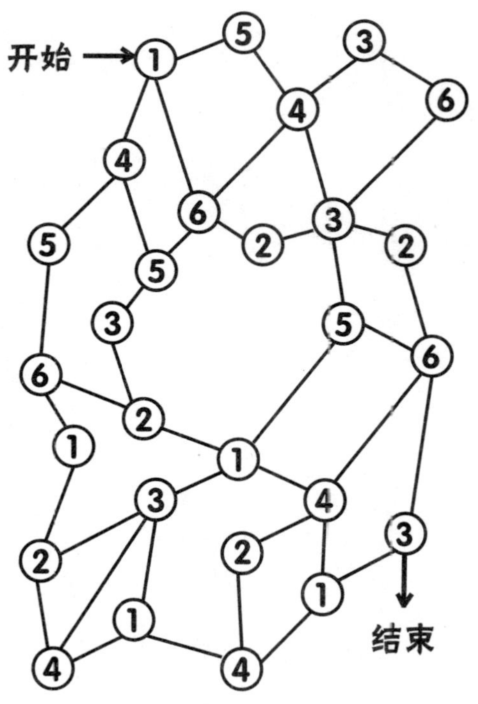

在找出最短路线的同时，要跨过 12 个栏。

本章答案

❶ 如图。

出口

入口

2 如图。

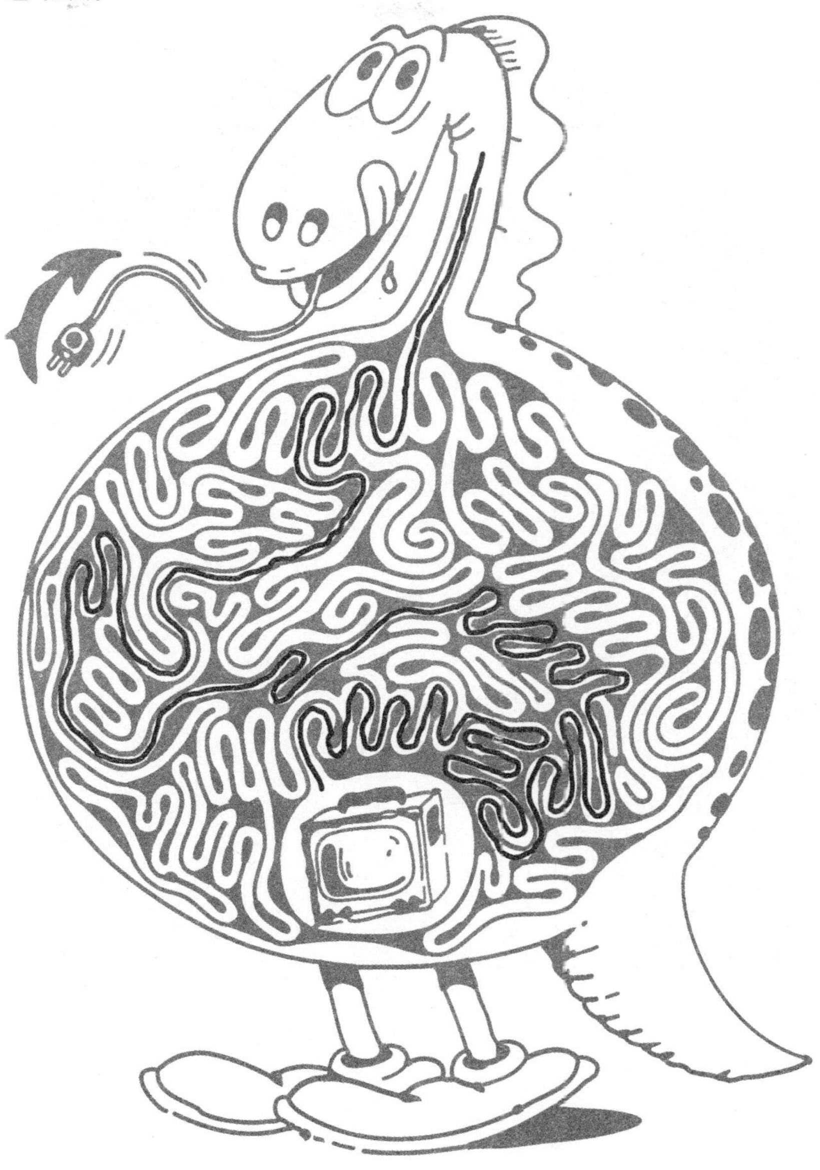

3 如图。

4 如图。

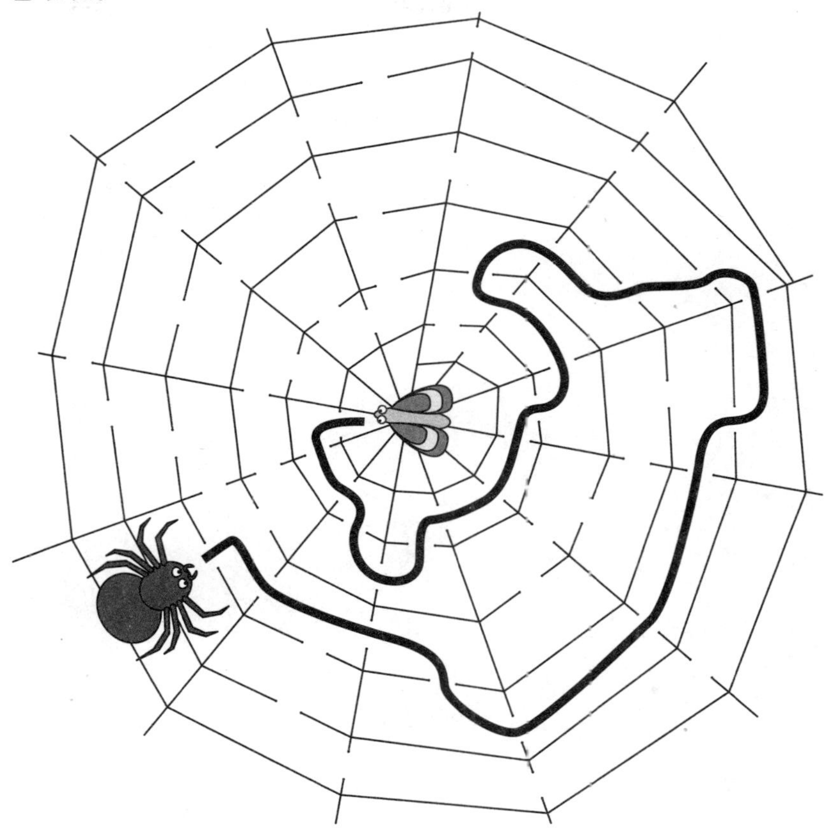

5 如图。

6 如图。

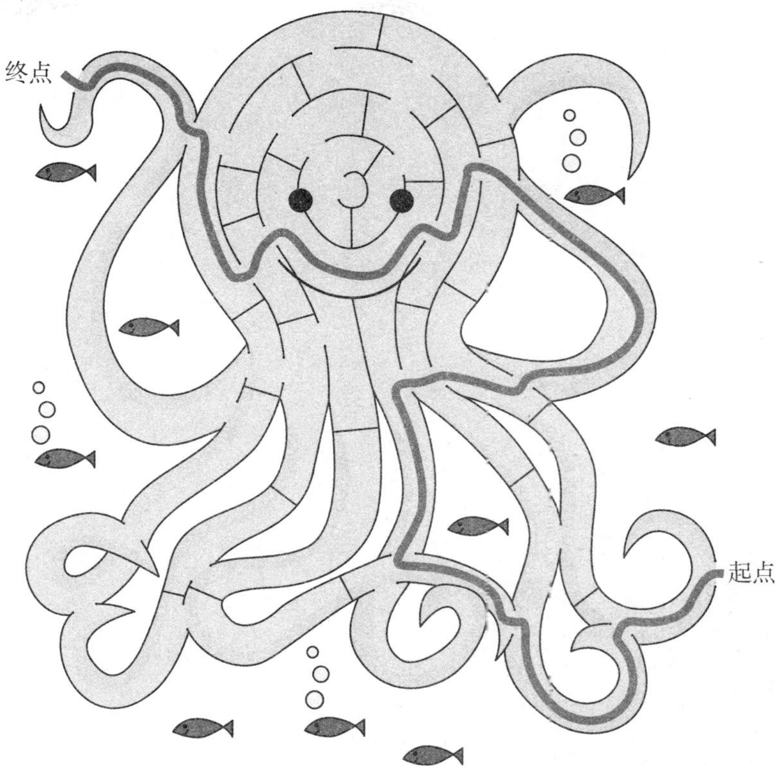

7 汤姆的摄影机连着的是“左下方儿子从床上掉下来”的录像带。

8 只有从 C 口进入才能到达鹦鹉的食物袋。

9 唯一的通道是从外围标有数字 4 的双层圆圈出发，以后每一步都顺着标有“4”的圆圈向前走。

10 正确路线：23—15—22—18—14—3—8—4—10—19—16—11—5—9—2—7—13—17—21—20—6—12—1。

11 如图。

⑫ 如图。

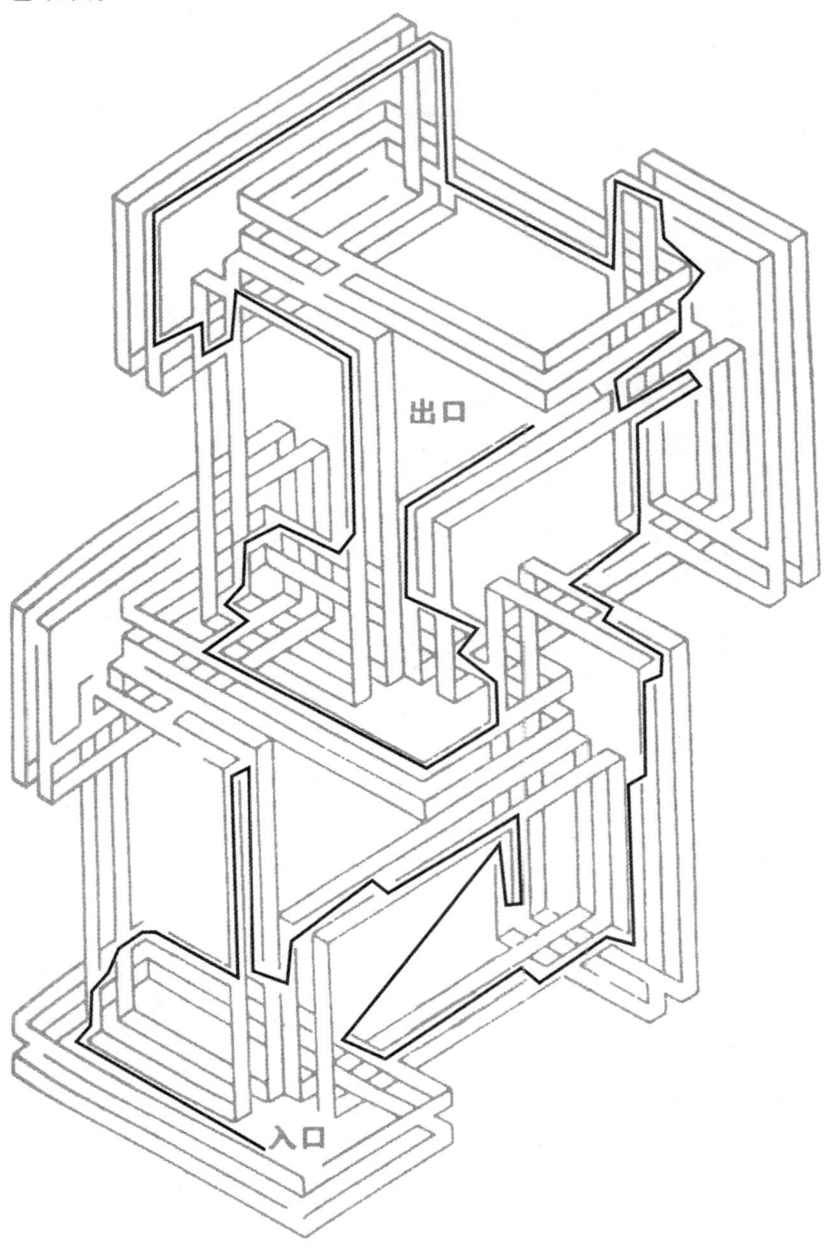

13 士兵 D。

⑭ 如图。

⑮ 如图。

16 如图。

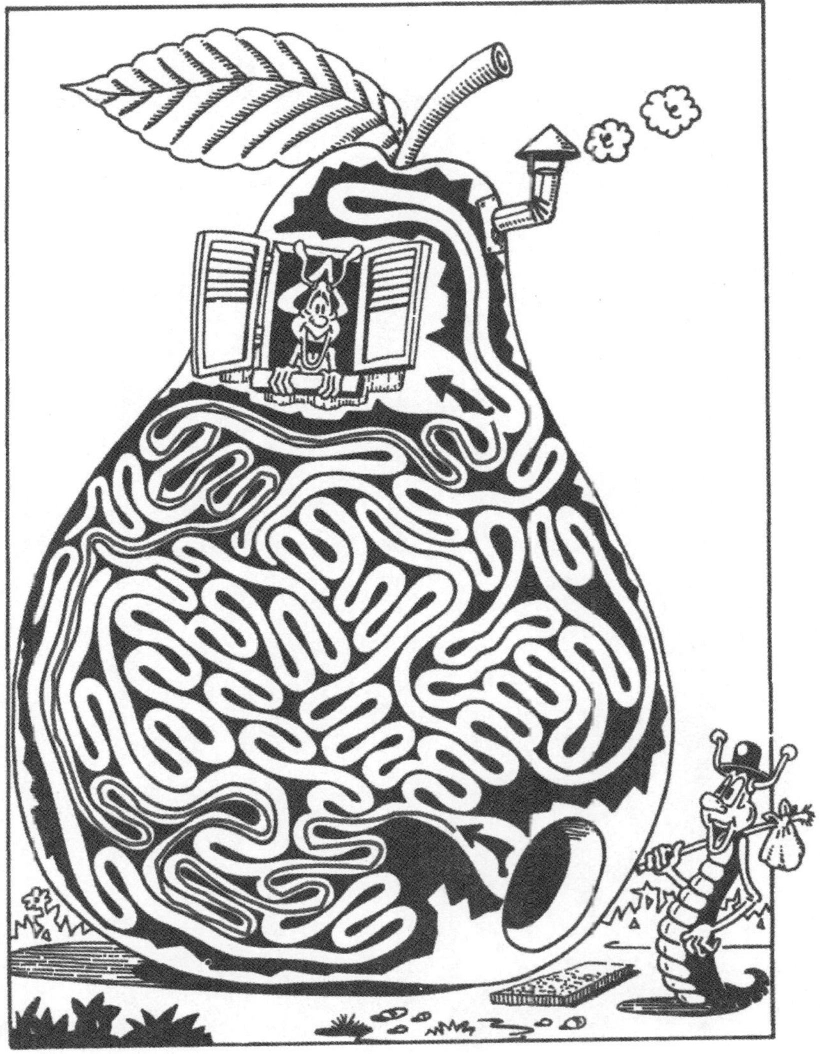

17 如图。

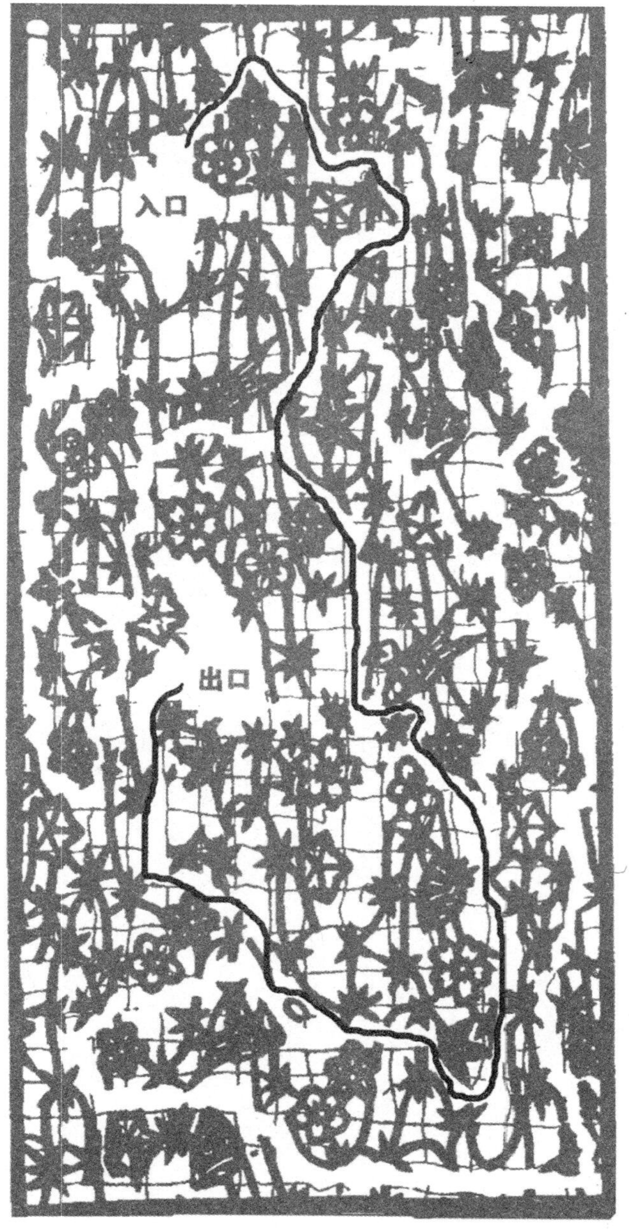

18 如图。

19 如图。

20 如图。

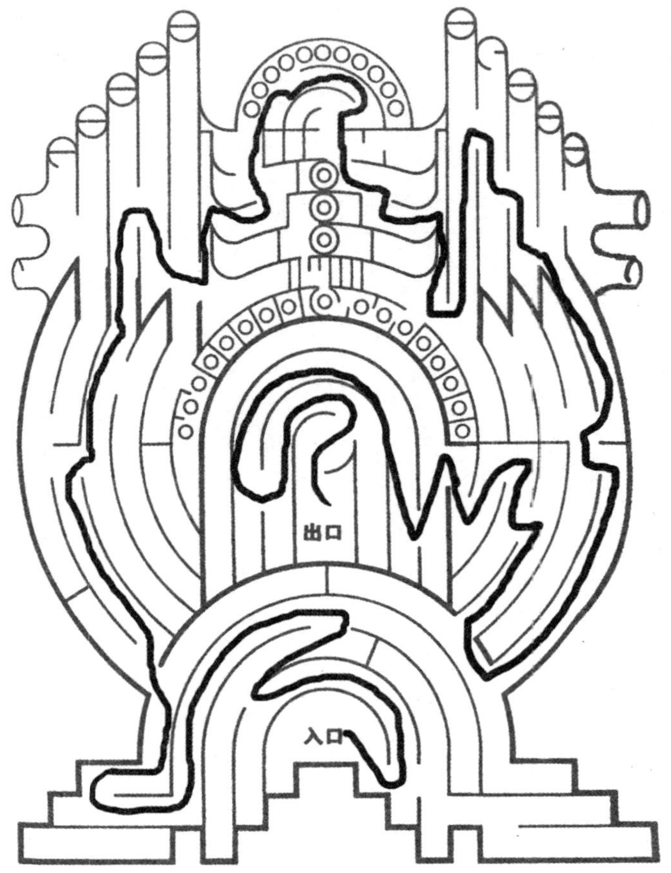

21 如图。

22 如图。

23 如图。

24 如图。

25 如图。

26 如图。

27 如图。

28 如图。

29 如图。

30 如图。

31 如图。

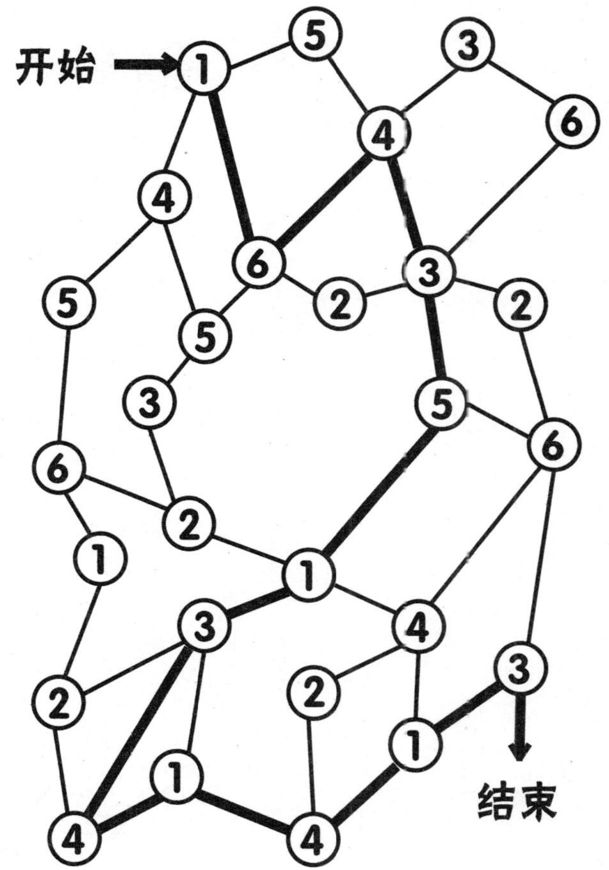

第二章

精细观察，考考你的眼力

❶相差15分钟的两幅图

下面两幅图拍摄的时间前后只相差15分钟，在这段时间里面，有几个不同的人走进了商店买了一些东西，有的人甚至把刚买的衣服或帽子穿在了身上，你能找出这几个人吗？

走进商店买东西的共有10个人。

2隐藏的三角形

下面有很多三角形，但是它们都被遮掉了一部分。你能说出图中到底有多少个三角形吗？

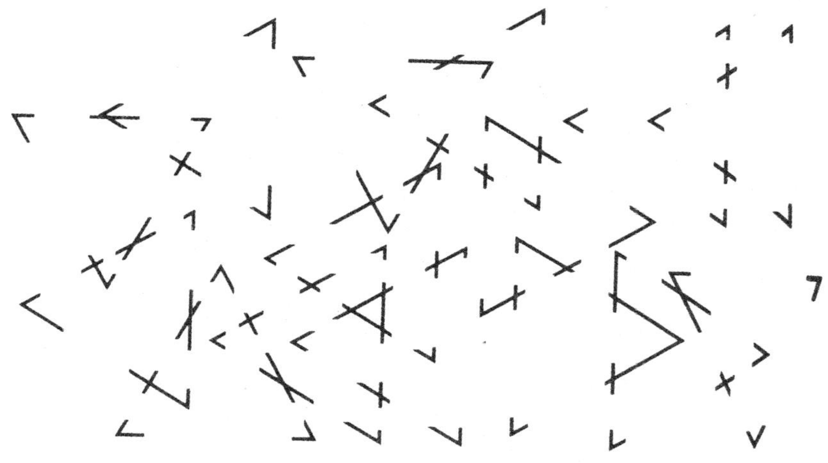

并不是所有有两条边的图形都可以组成三角形。

3 找“100”

图中出现了 12 个“100”，请你把它们找出来。

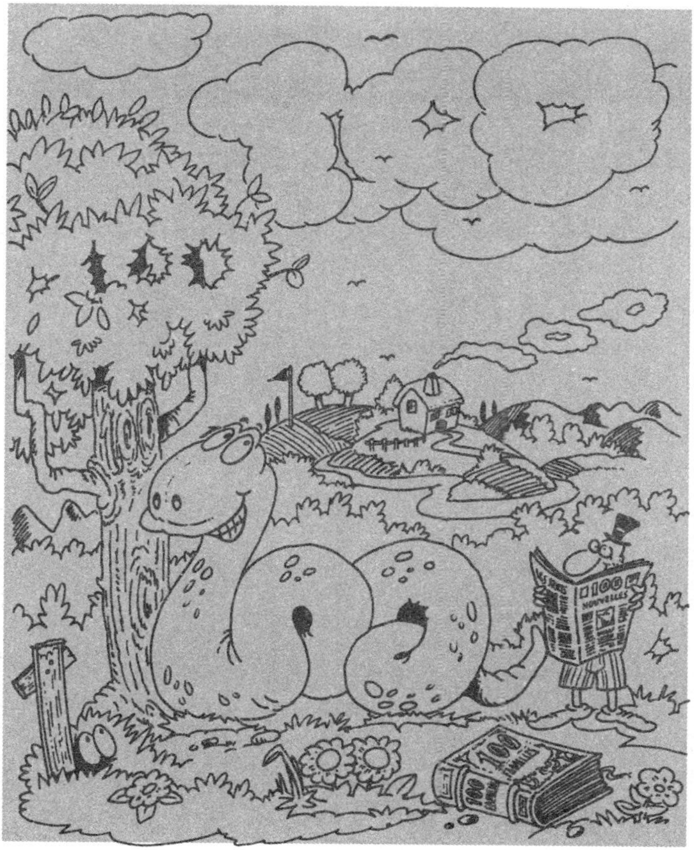

要发挥想象力，注意“100”这个数字形象任何有可能变形。

4 隐藏在图中的物品

图片上方的6件物品中有几件在图中出现了，请你把它们都找到。

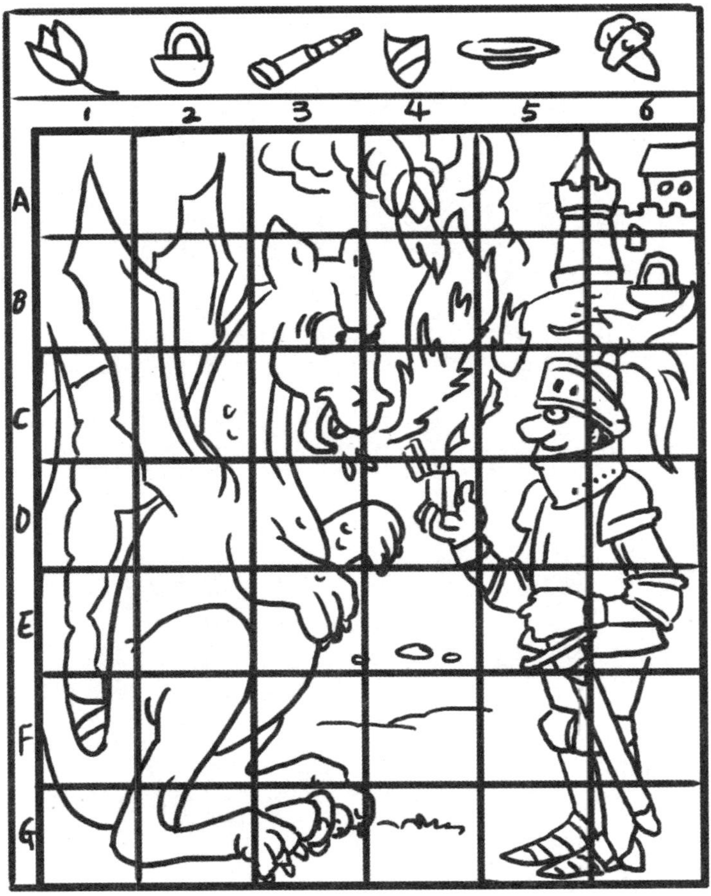

图片上方的物品有 4 件出现在图中。

5 艺术家的创作

艺术家在石头上刻了 5 幅图案，其中有一些图案是他想象出来的，还有一些是他根据眼前的景物复制出来的。请你仔细找一找，看哪些图片是根据景物复制的。

智慧点拨

不妨试着先从图中找出有特点的地方，再去背景中进行对照，不要放过图中任何一个细节。

6 左轮手枪

盗窃犯琼斯为了逃避警察的搜查，把他的左轮手枪拆分成了6个部分，藏在了下图中，你能帮助警察找到这些零件吗？

智慧点拨

你必须先弄清楚左轮手枪的构造，这样才能找到被藏起来的手枪零件。

7 乱七八糟的水管

图中是詹姆斯浇花后随意摆放的水管。请你仔细观察一下，看把这根水管的两头拉直后会形成几个结？

这个游戏需要注意的是水管的某些部分到底是被压着还是从中间穿过去的。

8 互不相同的图

图中的 8 幅图各不相同，你能说出区别在哪里吗？

找不同的时候，一定要注意所有的细节，连一颗钉子也不要放过。

9 混乱的绳子

图中是莱昂纳多创造的一个复杂的拓扑学结构，你能看出其中一共有多少根绳子吗?

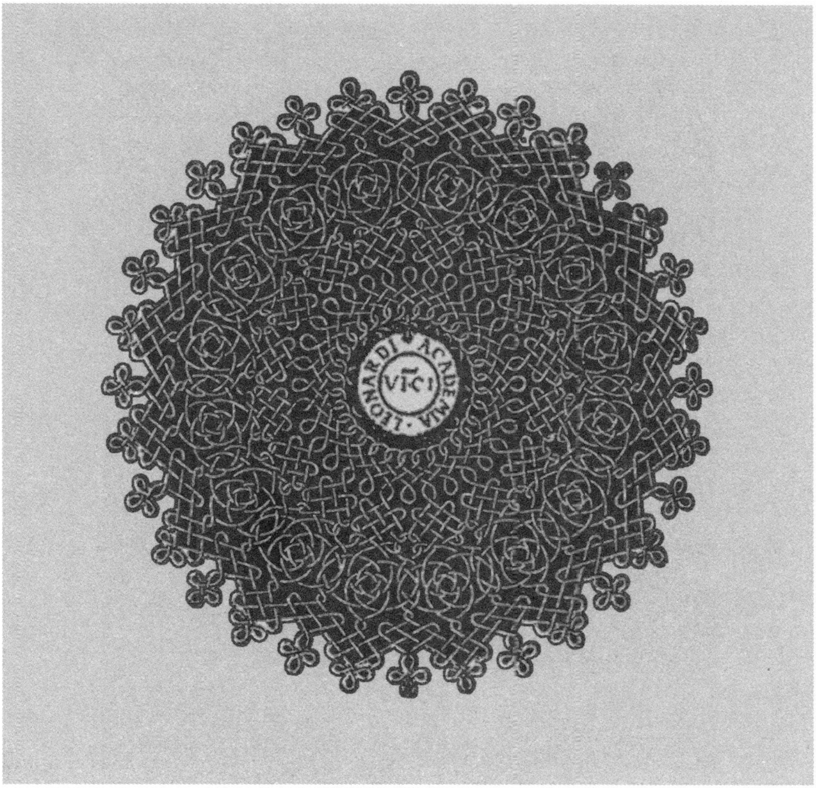

一堆混乱的绳子不一定是由很多根绳子组成的。

⑩月球上的卫星

为了更好地探明月球上的物体，某个国家发射了 8 颗卫星。其中有 4 颗已经在拍摄月球上的物体以及景色，你知道是哪 4 颗吗？

玩游戏时，要先把月球上一些物体的特点铭记于心。

11绳结

如果一条绳子按第一行图片展示的规律变化，那么问号处应填入哪个选项？

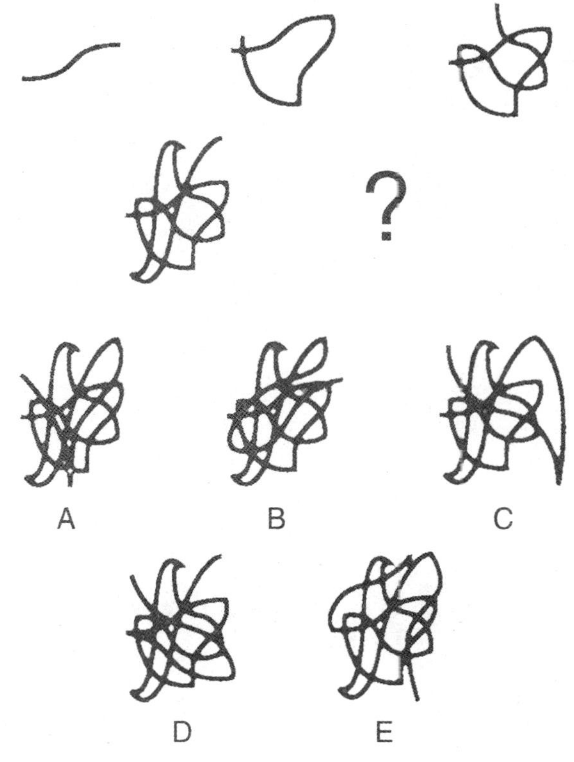

请仔细观察绳子的交叉处，看绳子是怎么绕的。

12 找不同

来看看下面这两幅图有什么不同的地方。

这两幅图有 5 个不同的地方。

13 考眼力

为了考验士兵的眼力，酋长要求士兵在下面的6幅小图中找到包含图腾内容的几幅图。你能找到吗?

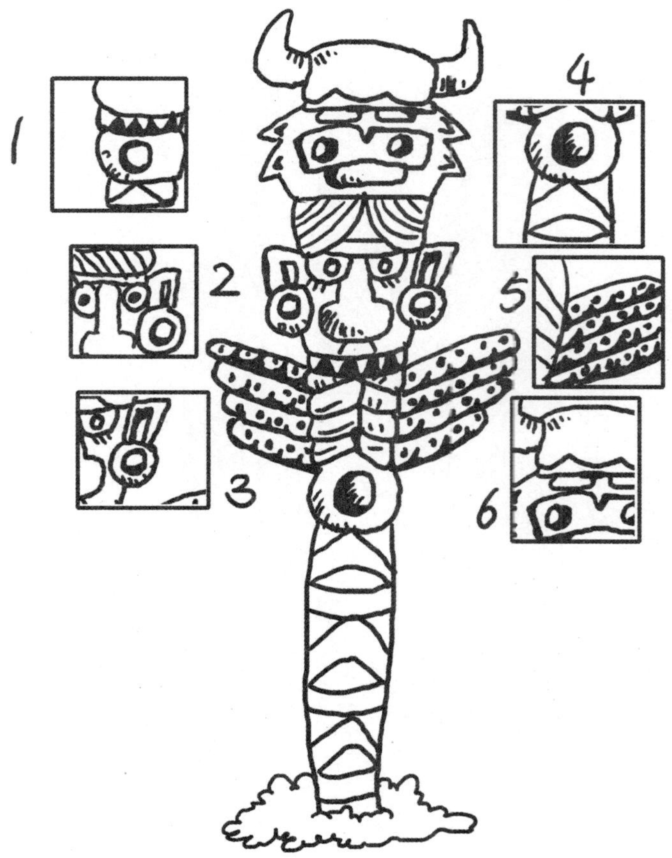

正确的图片只有3幅。

14 奇异的怪物

詹姆斯在外出游玩时，看见了一个怪物（如图）。这个怪物一共包含了 6 种动物的特征，只有将这 6 种动物一一指认出来，才能让这个怪物彻底消失。你能将这 6 种动物指认出来吗？

你可以从怪物身上的每个细节来发现这些特征。

15 找动物

下图中有很多种动物，但是这些动物的图形都没有画完整，你能把它们一一分辨出来，并找到 2 种成对的动物吗？

智慧点拨

图中一共有 13 只动物，而且都是比较常见的动物。

16 填空格小游戏

这是一个小游戏，也是一道经常出现在各种考试中的题目，它看似复杂，实则很简单。你需要做的，只是将问号处的图形补上而已，现在开始吧！

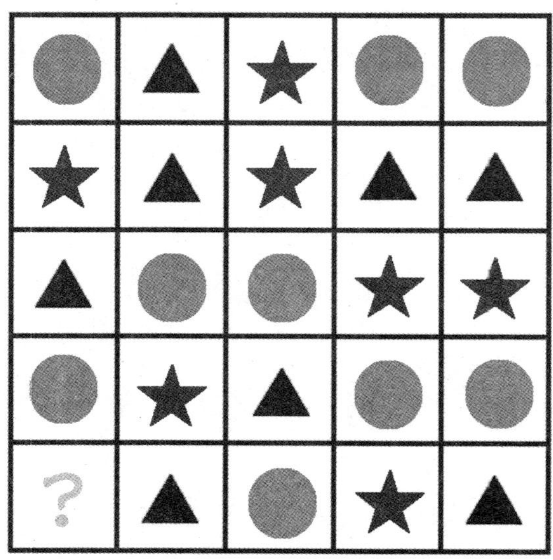

这张图里有 3 种图形，请仔细观察它们的排列规律。

17箭靶子

在此图中，你能找到多少个箭靶子？

在找的过程中，你可以借助不同颜色的笔来做标记。

18虹吸管

左图是一个密封的模型，液体被储存在最下面。现在，把这个模型倒过来（如右图）会出现什么现象？

要做对这道题，你需要首先弄懂虹吸原理。

19钓鱼

周末，杜罗夫和好友开着小船到湖里去钓鱼。令人惊讶的事情发生了，他们的渔线缠在一起后，钓到了一些稀奇的东西。你来看看，他们分别钓到了什么？

你不妨从被钓到的物体开始往回找，也许可以更快地找到对应的人。

20 赝品

某著名画家去世后，其作品流传到了一些收藏者手中。但是，有些收藏者收藏的是赝品。请你找找看哪些图是赝品。

有 5 幅赝品，想要找到它们，只能从细节上着手。

21 会打结的绳子

请你仔细看一看，下面 4 幅图中，哪些绳子在被拉直后会打结？

绳子会不会打结主要看绳子交叉的地方。

22 寻找隐藏起来的人

热闹的马戏团里到处是人，但有些人被挡住了，只能通过他们玩耍的用具才能找到他们。请你把他们找出来，让他们跟大家打个招呼。

图中有 9 个隐藏起来的人。

23 拼图片

请你仔细观察这组被打乱的图片，将它们复原。

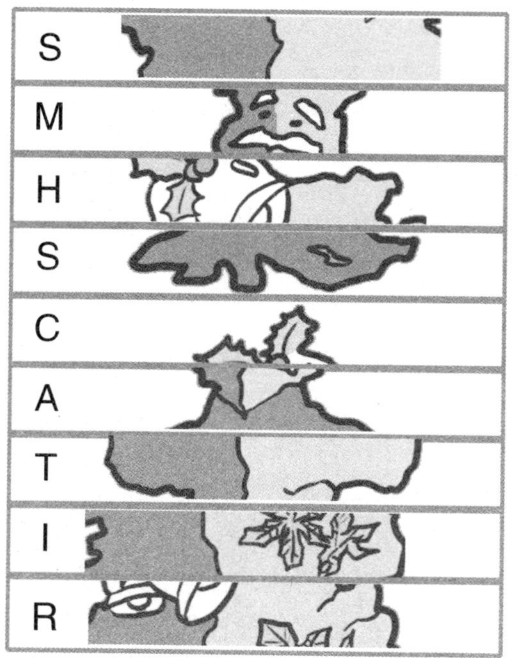

如果你拼对了，图中的字母就会组成一个英文单词。

24犯罪线索

地铁站里出现了一些罪犯，他们在作案时把自己的脸都遮挡起来了，你能根据罪犯的其他特征把他们找出来吗？

智慧点拨

可以根据罪犯的衣服、动作、神态来找。

25 鱼的阴影

请观察下面正在游泳的 3 条鱼，为它们找出对应的阴影图。

观察的重点在鱼的嘴部及鱼尾、鱼鳍的特点。

26 寻找最短的路线

卖艺人罗斯带着他的猴子走到了一幢居民楼下，为楼里的居民表演杂耍。表演完了，罗斯让猴子拿着碗到每一户人家去收赏钱。猴子必须从现在的位置出发，最后回到主人的肩膀上。为了节省时间，路线越短越好。

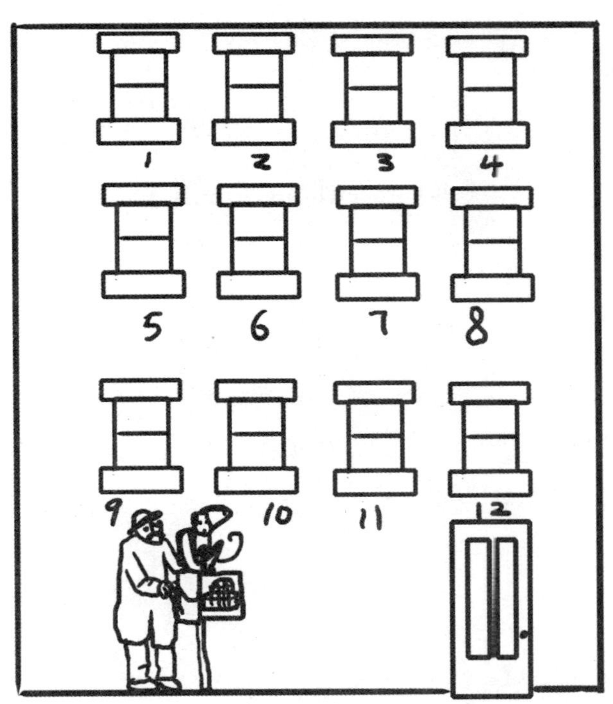

要想走的线路短，就要从右向左走，且走的空墙要少。

27七巧板拼图

图中有4块七巧板，你能把它拼成一个完整的“T”字吗？

这是山姆·罗伊德发明的七巧板游戏。看似简单，却隐藏着很多智慧，能开发你的创造性思维。

28六边形变化图

找出上面3个六边形的变化规律，然后从4个选项中选出符合这一规律的图形。

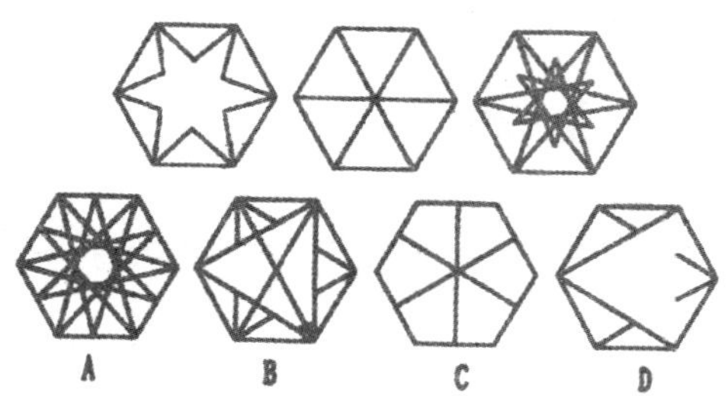

请仔细观察六边形里面的三角形。

29 变换的多米诺骨牌

下面是多米诺骨牌的点数变化图，请你找到其中的规律后，从 6 个选项中找到合适的骨牌放在空缺的地方。

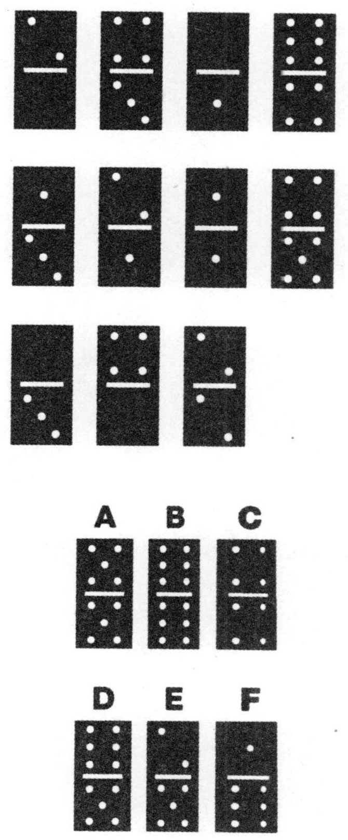

请仔细观察每一行中第四张多米诺骨牌与前面三张多米诺骨牌之间的联系。

30 逆向思维

图中的大长方形是由 14 个正方形叠成的。仔细观察这个长方形，你能确定这些正方形的叠放顺序吗？请你从最底下的正方形开始依次列出来。

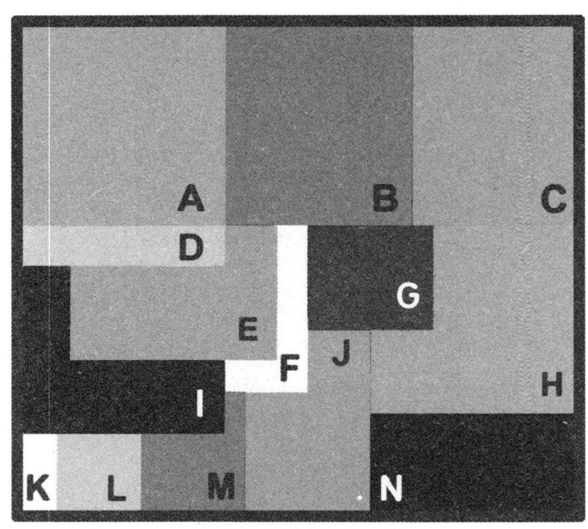

这个题目充分调动了游戏者的逆向思维。你可以先从上到下列出正方形的叠放顺序，反过来就是本题的答案。

31 战无不胜的玩家

奥蒂列特是一名硬币游戏高手。一天，他与罗克玩起了硬币游戏。两人轮流将相同的硬币放在圆桌上，当桌子上不能再放下硬币，同时任何一枚硬币都不遮住其他硬币时，下一个要放硬币的人就输了。你能设计一个战术使罗克不管桌子有多大都能赢吗？

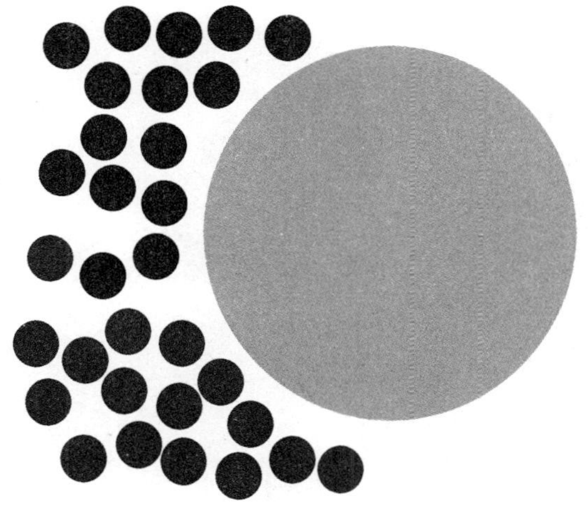

如果罗克想取胜，就得做第一个放硬币的人。

32 六边形的变化

观察下图，说出下一个六边形包含的圆圈数。

本题需要用到等差数列。

33变化的表情

从下列选项中找出符合前面两行图形变化规律的一个。

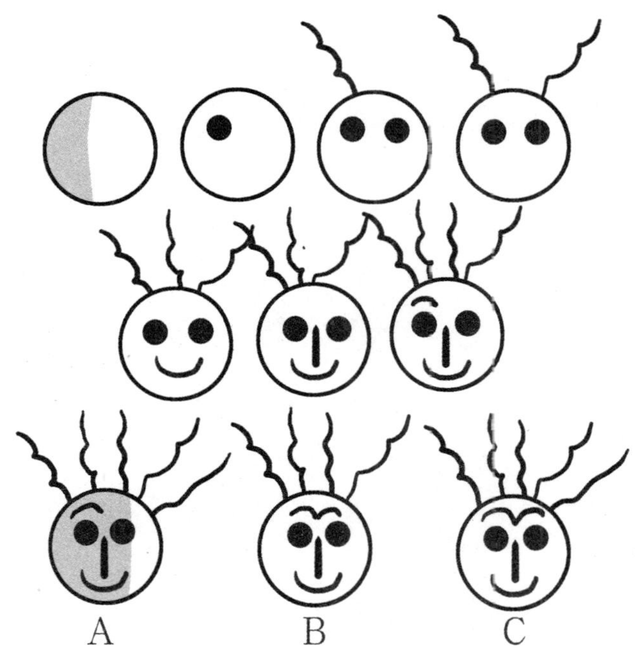

观察每个表情比前一个表情多了什么东西。

34 “二”变“八”趣味游戏

图中是 5 根火柴组成两个等边三角形，请你增加一根火柴，再移动 2 根火柴，将其变成 8 个等边三角形。

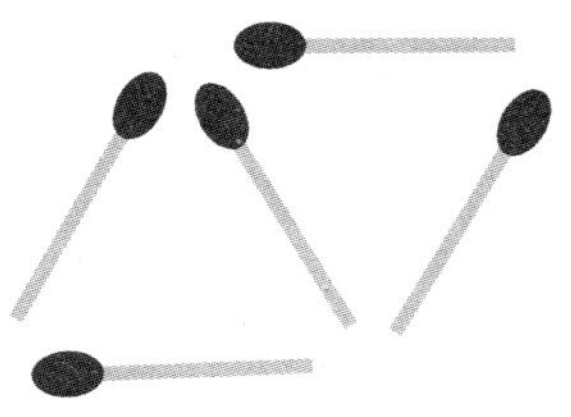

可以将这些火柴拼成一个六角星。

35 与众不同的图形

图中的 5 个图形哪个与众不同?

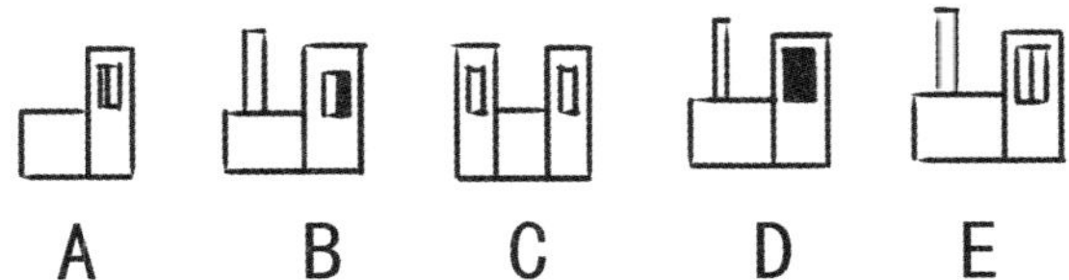

请仔细观察这些图形的构成。

36 考察眼力

请你看看下面两组图形，然后回答问题。

（1）左图中两个白色正方形哪一个大？

（2）右图中两条对角线哪一条长？

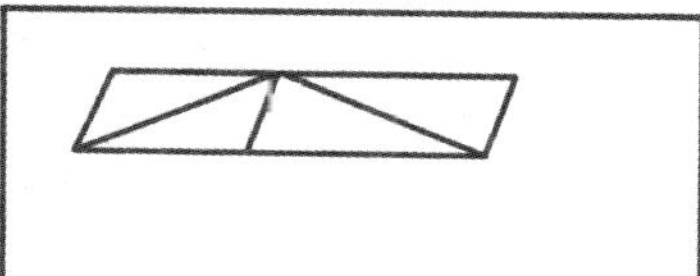

有时肉眼见到的并不一定真实。

37 不一样的图形

图中的 5 个图形有一个与其他 4 个不同，你能找到是哪个吗？

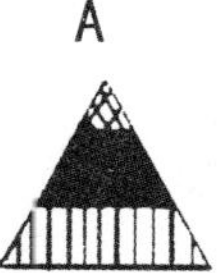

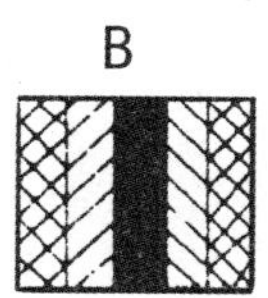

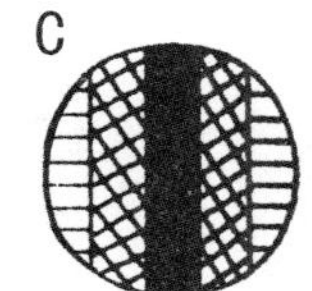

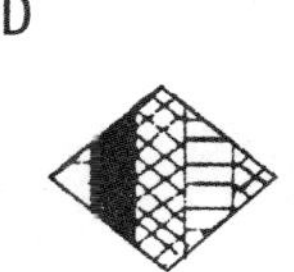

本题需考虑图形的对称性。

38 巧变位置

如图所示，10 枚硬币组成了一个倒三角形，在只允许移动 3 枚硬币的情况下，你有办法能让这个例三角形尖端朝上吗？

智慧点拨

倒三角形从上往下数第二行是不需要动的，而最底部一行需要移到最上面。

39 互补的图形

下面 5 个选项中，哪个选项能与上面的图形完全拼合，组成一个矩形？

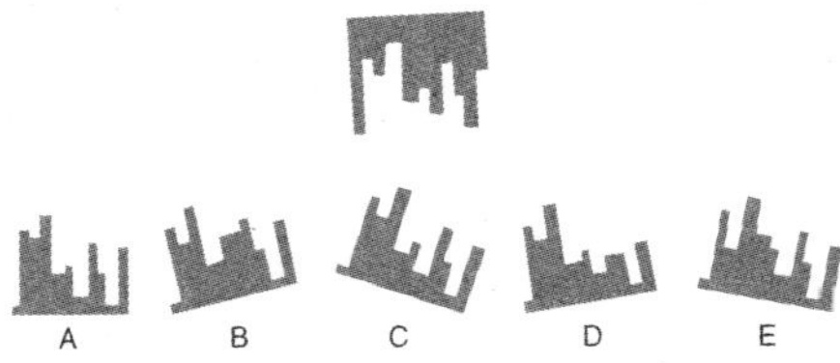

仔细观察上面图形缺失的部分，然后找出与之匹配的图形。

40 照片中的小鸟

露易丝去动物园游玩时拍了一张照片，你能找出来照片中是哪只小鸟吗？

请仔细观察每只小鸟的动作、尾巴、翅膀等各个部分。记住，与照片中相同的只有小鸟一只。

41 相同的子弹

观察图中所有的子弹，找出一颗与 A 一模一样的子弹。

请把子弹 A 旋转至不同的角度与其他子弹进行比对。

42 找差异

两幅图中有几处不同的地方，请你把它们找出来。

智慧点拨

餐桌上的东西是重点，不要忽略任何一个小细节。

43 不一样的图

下面的 4 幅图中，哪一幅与其他 3 幅不一样？

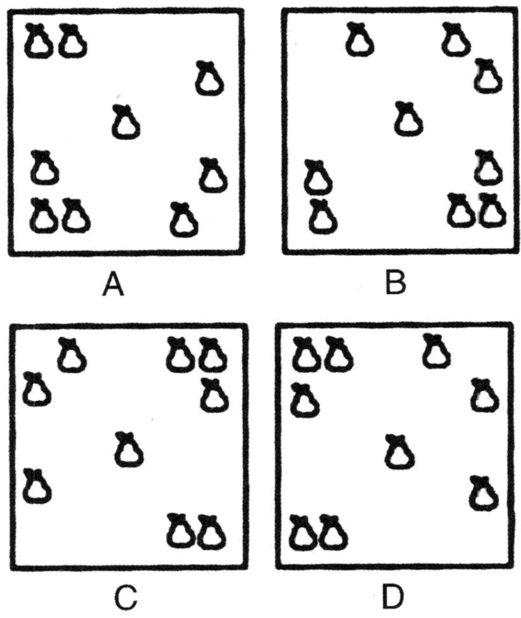

你需要从不同的角度去观察这些图。

44图片的差别

仔细观察两幅图，找出它们的不同之处。

智慧点拨

一共有 8 个不同的地方。

45 抽象画

乔治从画廊里买走了一幅抽象画，请你看看，他买走的是哪一幅？

这几幅画都是抽象画，乍看非常相似，但其中的色块有很大的区别，而且乔治手中的画也可能按一定方向进行了旋转。

46 图案相同的酒坛

图中有 12 个装葡萄酒的坛子，其中有几个完全相同，请你把它们找出来。

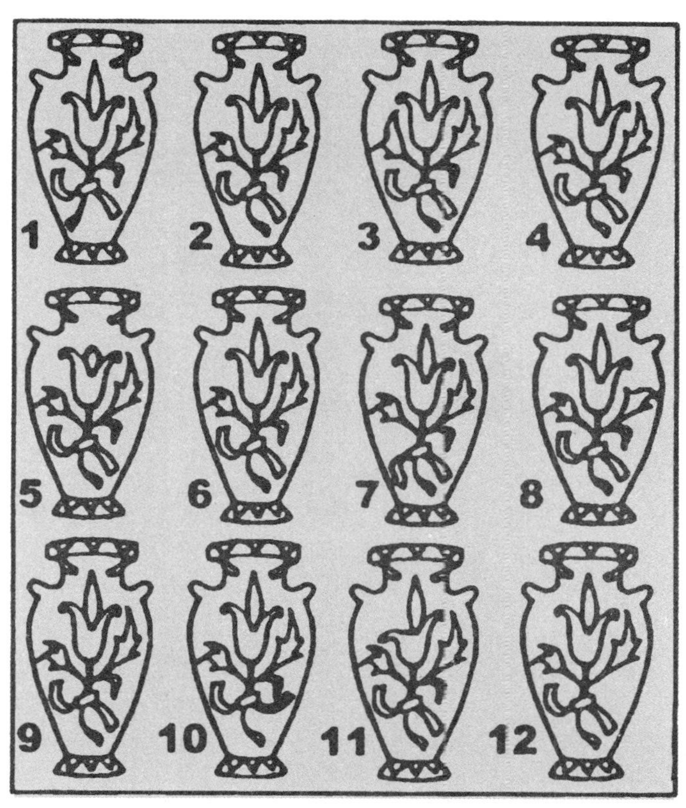

图中完全相同的坛子有 4 个。

47 野营的帐篷

罗伊斯与好友们去郊外野营，晚上，他们搭了 12 顶帐篷。其中有两顶是相同的，你能找出来是哪两顶吗？

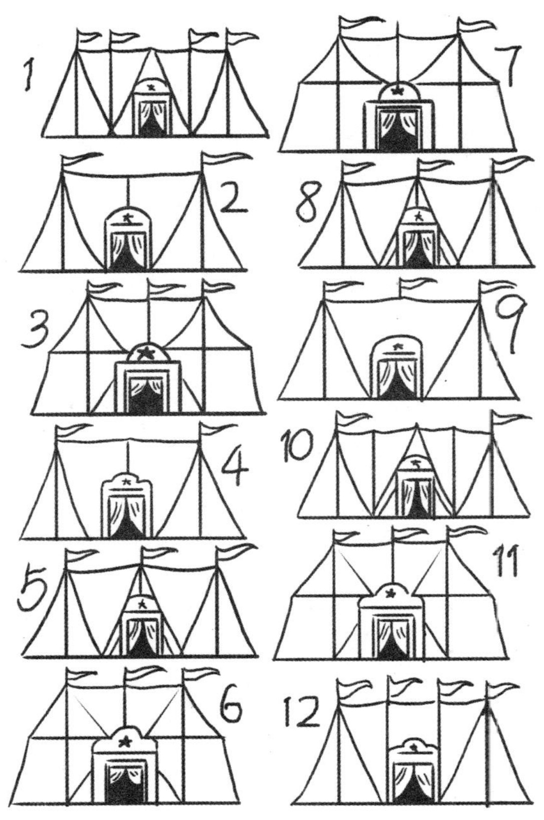

可以从帐篷上的旗帜来分辨帐篷的相同与不同之处。

48 完全相同的图片

下面 4 幅图中有两幅图片是完全相同的，请你把它们找出来，并说明其他两幅图片与它们什么不同之处。

这 4 幅图乍一看都一样，但要注意观察某些细节，即使是小小的石头也不要放过。

49 找出与众不同的表情

以下表情中，哪一个是与众不同的？为什么？

A

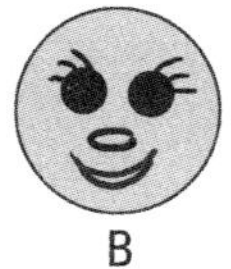
B

C

D

E

可以从构成表情的线条方面去分析。

50 艰难的走棋

下面是一个“走棋”图。哈比从 A 处走向 B 处，方先生从 B 处走向 A 处。要求每格都得走到，但不准重复，不准跳格。请问，到底有几种走法？

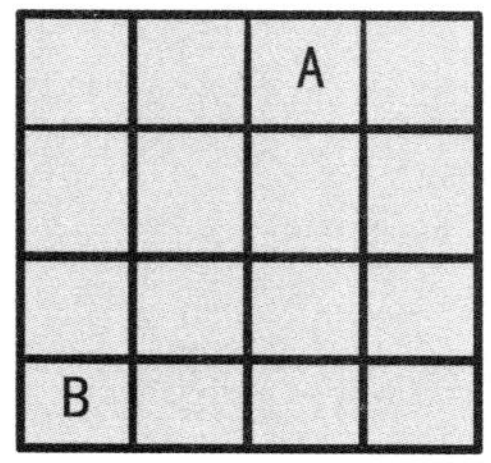

从 A 点出发与从 B 点出发的原理一样。

51 几何图形

观察下面的几何图形，按图形的序号回答相应的问题。

（1）图 1 中有多少个三角形？

（2）图 2 中有多少个三角形？

（3）图 3 中有多少个三角形与正方形？

（4）图 4 中有多少个正方形？

（5）图 5 中有多少个三角形？

（6）图 6 中有多少个三角形和正方形？

（7）图 7 中有多少个正六边形？

（8）图 8 中有多少个正方形？

（9）图 9 中有多少个正方形？

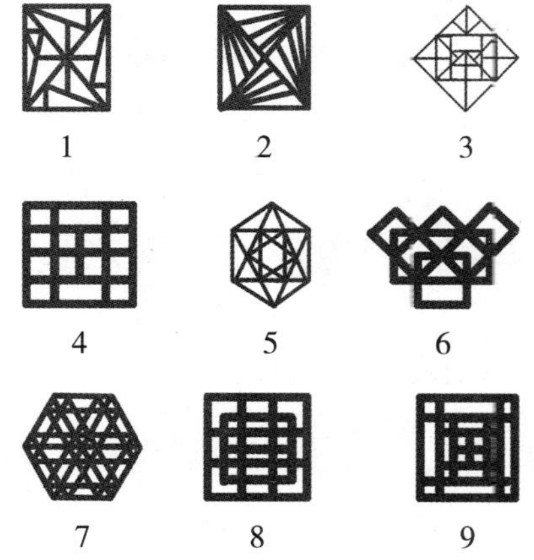

做这个游戏，唯一的秘诀就是仔细再仔细，不要遗漏任何细节。

52 相同的花瓶

图中的花瓶，有几只完全相同，请你把它们找出来。

完全相同的花瓶有 3 只。

53 街上的画

街上有这样两幅画，画的是同一个地方、不同季节上午 11 点时的景象。你能判断出哪幅画表示的是冬天，哪幅画表示的是夏天吗？

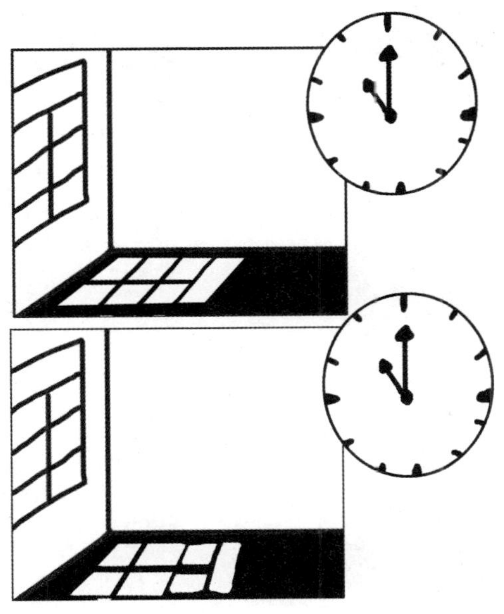

在夏天中午，太阳正对着头顶，所以能透进窗子的阳光比较少。

54 相同的蝴蝶

下面的 6 只蝴蝶中，哪两只蝴蝶是完全相同的？

重点是蝴蝶身上的花纹。

本章答案

1. 留着胡子的男子买了一顶土耳其毡帽；穿 T 恤的年轻男子买了一个背包；穿着带有三角形图案连衣裙的女子买了一个花朵头饰；束着带圆形扣腰带的女子买了一件外套；戴眼镜的男子买了一本书；站在最前面穿衬衣的青年男子买了一件套头羊毛衫；穿着带有波点图案连衣裙的女子买了一串项链；有着一头卷发的男子将领带换成了领结；穿着工装裤的男子将格子衬衫换成了一件新 T 恤；穿着高领套头衫的男子买了一顶棒球帽。
2. 一共有 15 个相同的等边三角形。如果重叠的部分也可以组成三角形的话，那么就有 28 个三角形。
3. 如图。

4 郁金香出现在图中的 A4 区域，篮子出现在 B6，盾牌出现在 F1，冰淇淋出现在 G3。

5 1、2、4。

6 如图。

7 拉直的水管会形成两个结，分别是底部靠右的一个和中间靠左的一个。

8 第一幅图的栅栏上少了一颗钉子；第二幅图人行道上多了一块石头；第三幅图少了一片树叶；第四幅图左上角少了一块砖；第五幅图狗身上少了一个斑点；第六幅图车轮上少了一个螺帽；第七幅图狗少了一条腿；第八幅图狗主人衬衣上少了一个口袋。

9 整个图形只用了一根绳子。

10 A、D、E、G。

11 B。绳子的变化规律总是接下来绕两个向内的弧线。

12 如图。

13 3、4、6。

14 这些特征包括：猫头鹰的脸、大象的鼻子、蝴蝶的翅膀，鸭子的脚，螃蟹的钳子，松鼠的尾巴。

15 图中一共有 13 只动物，分别是 1 只山羊，1 只天鹅，1 只鸡，1 头犀牛，1 只乌龟，1 只松鼠，1 只青蛙，1 头奶牛，1 匹骆驼，2 头猪和 2 只狐狸。

16 3 种图形由内而外形成了一个漩涡。如图。

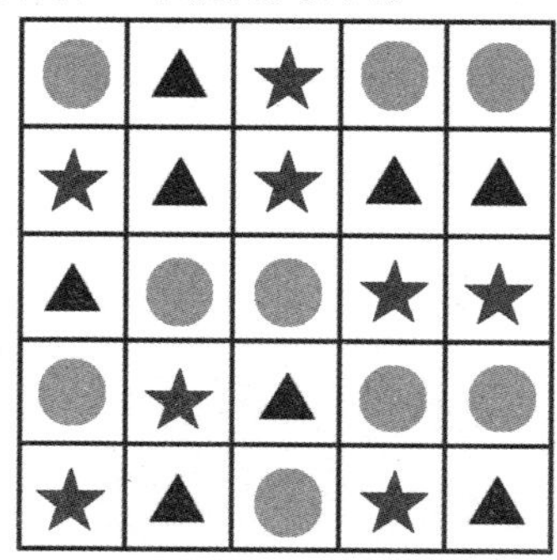

17 共有 16 个箭靶子。

18 如果把图形翻过来，液体会慢慢流到中间的空厢，等到水位到达弯管的顶部，就会迅速把中间空厢里的液体抽干。这个过程会不断地重复，直到上面空厢里的液体完全被抽干。

这是因为虹吸管长的一端液体的重量大，导致液体从上面的空厢流出，直到上面的空厢被完全抽空。

19 ①号钓到的是鱼；②号钓到的是箱子；③号什么也没有钓到；④号钓到了自行车轮。

20 如图。

21 绳子 2 和 4 会打结。

22 如图。

23 拼图如果正确，就会组成一棵圣诞树，字母可以拼成一个英文单词：CHRISTMAS。

24 如图。

25 A 的阴影为 5，B 的阴影为 4，C 的阴影为 6。

26 猴子爬窗的路线如下：10、11、12、8、4、3、7、6、2、1、5、9。只有这条路线在底层窗子和中层窗子之间的空墙中穿过两次。

27 如图。

28 A。六边形中有 6 个三角形，每个三角形都有一条边和六边形的一条边重合。三角形的高依次递增，每次增加的高度是六边形高度的 1/4。

29 D。每一行中，第四张多米诺骨牌的点数是前面三张多米诺骨牌的点数之和。

30 K、L、M、J、N、H、G、F、I、E、D、C、B、A。

31 罗克可以遵循以下规则：第一个放硬币，并将第一枚硬币放在桌子的正中心，之后的每一枚硬币都放在与对手所放硬币对称的位置上，而这总是可行的。因为罗克的放置总是安全的，所以他不会输。而奥蒂列特最终会因无法再放上硬币，输得一塌糊涂。

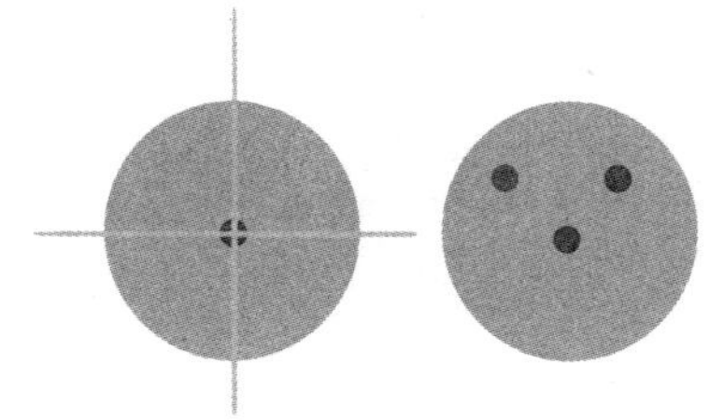

32 3个六边形最外圈圆圈数分别为6、12、18，这是一个公差为6的等差数列，由此可以推出第四个六边形最外圈圆圈数为24，所以第四个六边形包含的圆圈数为37+24=61。

33 A。第二个表情是在脸上增加一个新的元素，第三个表情是增加一根头发和一个新的元素，第四个表情是增加一根头发，第五个表情是增加一根头发和一个新的元素，接下来就按照这个规律重复下去。

34 如图。

35 C。因为只有C是轴对称图形。

36 两个正方形一样大，两条对角线一样长。

37 D。因为其他4个图的黑色色块在中间并且左右对称，但是D不符合这个条件。

38 将最底下的一枚硬币移到第一排的上面，单独成行，居中。再将有4枚硬币的一行中位于两端的2枚硬币移到最底下一行，放在两端。

39 C。

40 如图。

41 H。

42 如图。

43 D。B 图是由 A 图逆时针旋转 90 度所得，C 图是由 B 图逆时针旋转 90 度所得，而 D 图和 C 图是镜面对称图。

44 如图。

45 他买走的是第三幅画，把画的 B 边朝上就可以看出来。

46 2、4、6、9 号坛子完全一样。

47 5 号和 8 号帐篷完全相同。

48 图 2 和图 3 是完全相同的，图 1 的右下角少了一个小卵石，图 4 的沙漠城堡上多了一个窗户。

49 E。因为只有这个表情内部没有曲线。

50 如图。

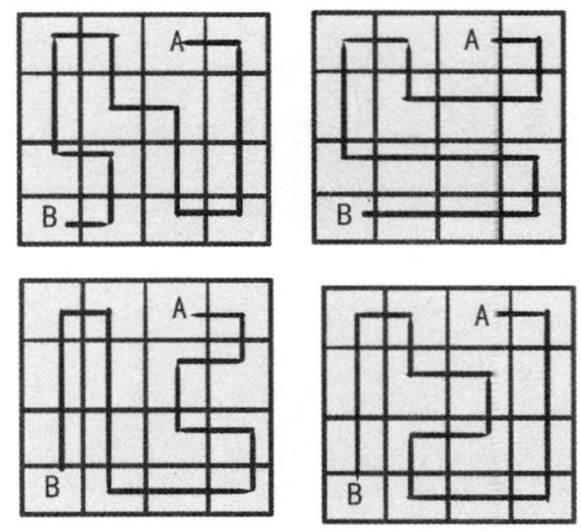

51 （1）共有 36 个三角形。（2）共有 52 个三角形。（3）共有 36 个三角形和 13 个正方形。（4）共有 22 个正方形。（5）共有 76 个三角形。（6）共有 9 个三角形和 6 个正方形。（7）共有 15 个正六边形。（8）共有 29 个正方形。（9）共有 31 个正方形。

52 花瓶 2、6、11 是完全相同的。

53 上图是夏天，因为在夏天 11 点时，阳光正对着屋顶照射，从窗户里透进来的阳光比较少。下图是冬天。

54 A 和 F。

第三章

认真分析，发现图形规律

1 扑克牌

最后一张扑克牌是什么？

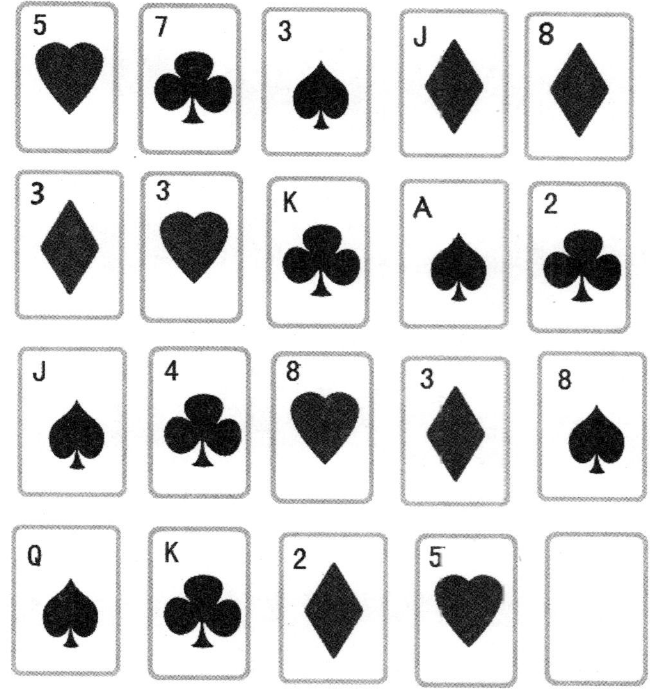

请将每一行为一组进行观察。

2 正方形的数量

你能从下图中找出几个正方形？

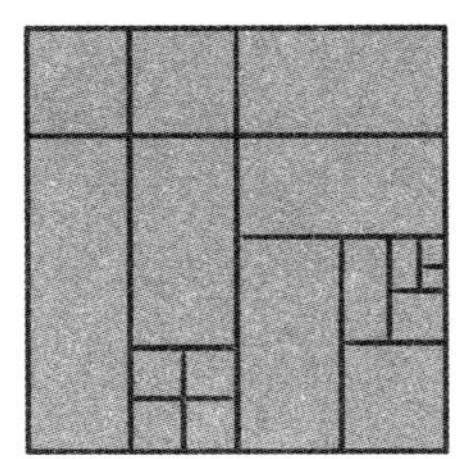

不要遗漏了小正方形和矩形拼成的大正方形。

3 五角星中的字符

三颗五角星中，分别有规律地填入了数字与字母。现在，请你在第三颗五角星中的问号处填上合适的数字。

每个五角星中的字母所代表的数值与中间的数字有一定的联系。

4 不相关的图形

仔细观察，哪个图与其他图不相关？

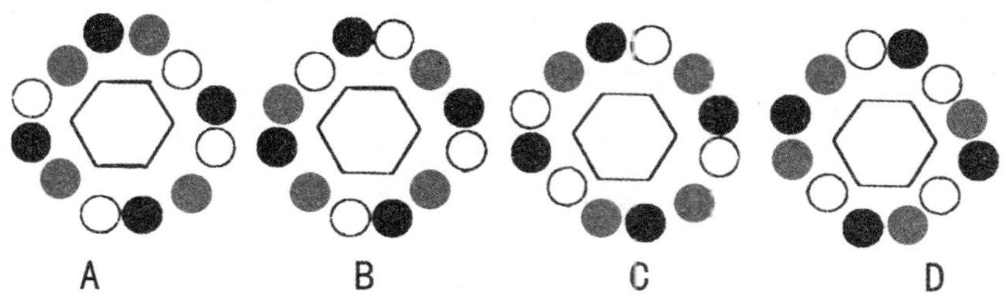

解题时要关注图形的旋转变化。

5 空白处的字母

找出图中字母的变化规律后，在空白处填上合适的字母。

T	R	P
F	H	J

J	L	N
T	R	

J	H	F
N	P	R

要重点观察每个字母所代表的数值。

6 四边形与十二边形

已知一个十二边形可以分割成 12 个相同的四边形，每个四边形都是由一个等边三角形和一个等腰直角三角形组成的。现在，你能用这 12 个四边形重新组成一个十二边形吗？

你可以采用逆向思维，先尝试将十二边形分成 12 个相同的四边形。

7 十字阵

你能找出不符合排列规律的项吗？

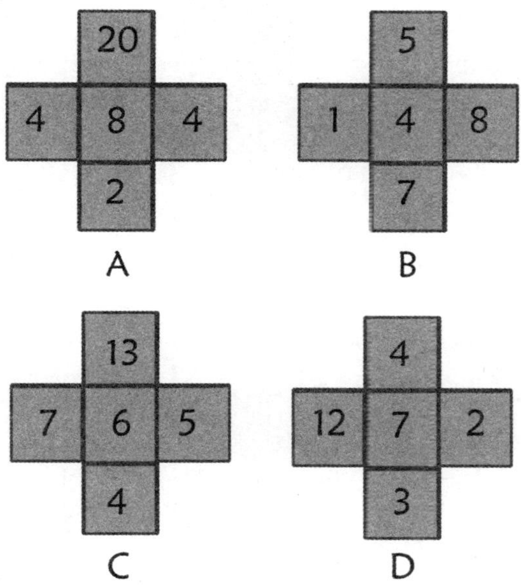

从十字图形中横向的3个数与纵向的3个数中找规律。

8缺少的细节

仔细观察下列四幅图，找出每一幅图与其他三幅图相比所缺少的细节。

每幅图缺少的细节都不一样，不妨将图片两两对比。

9 在空白处填上合适的图形

观察图中矩形的变化规律，在空白的地方填上合适的图形。

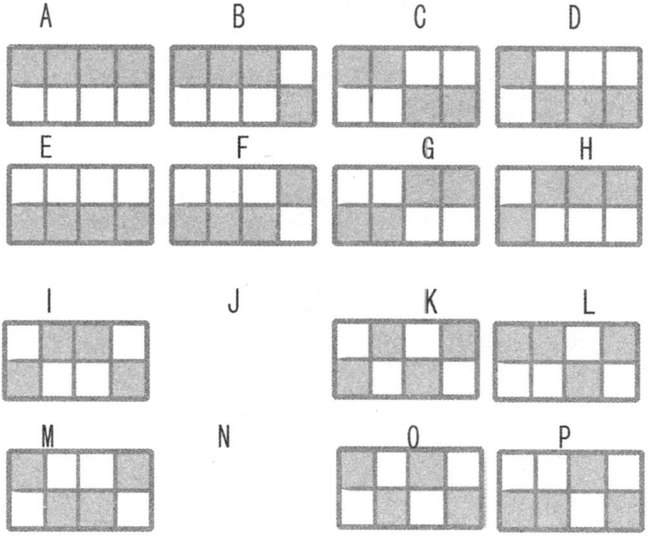
A
B
C
D
E
F
G
H
I
J
K
L
M
N
O
P

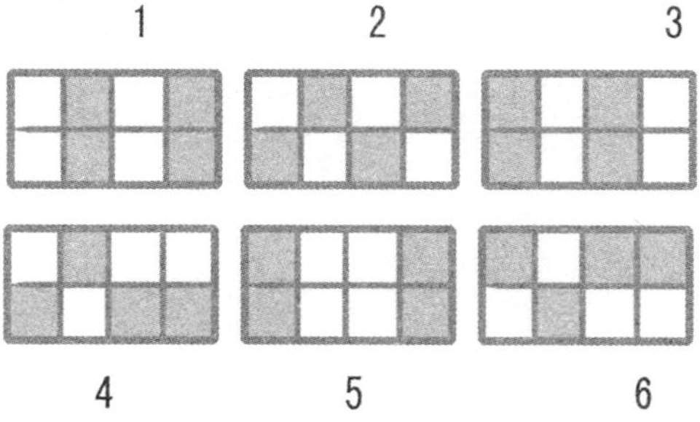
1
2
3
4
5
6

智慧点拨

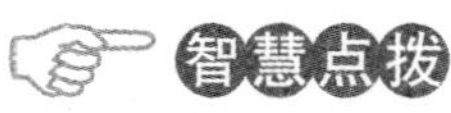

请注意观察矩形中深色小方块的移动规律。

⑩合理划分

在图中画出三条直线，将图分割成4个部分，使每个部分内蛇、鼓和云朵的数目相同，且各个部分的数目分别为4、5、6、7。

划分区域的时候，可以先考虑数量较少的东西。

11 4 个自然数

有 4 个自然数，它们的和是 14。如果把它们填入下列四个括号内，计算出来的结果相加仍然是 14。你能把这 4 个自然数找出来吗？

$$
\begin{array}{r}
(\ )-1= \\
(\ )\times 2= \\
(\ )\times 3= \\
+\ (\ )-4= \\
\hline
14
\end{array}
$$

这 4 个数中有 2 个是奇数，2 个是偶数。

12 找规律

从 A、B、C、D、E 中找出符合第一排图变化规律的一项。

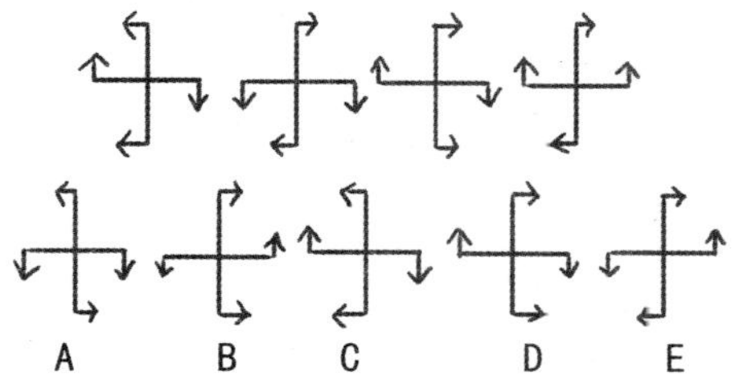

第一排图的变化规律与图形的旋转方向有关。

13 问号处的图形

仔细观察，看图中问号处应为哪个图形？

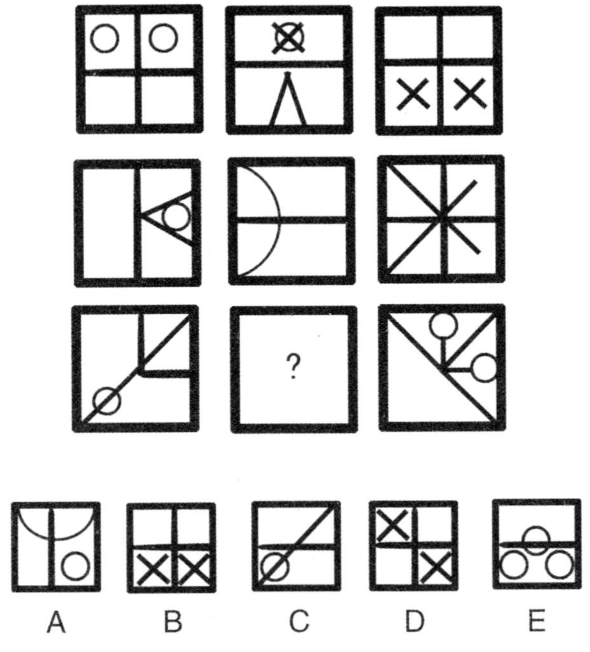

这个游戏要从图形对称的角度来思考。

14 根据数字填图形

观察下边的 4 个三角形，找出规律，指出最后一个三角形中应当放入什么几何图形。

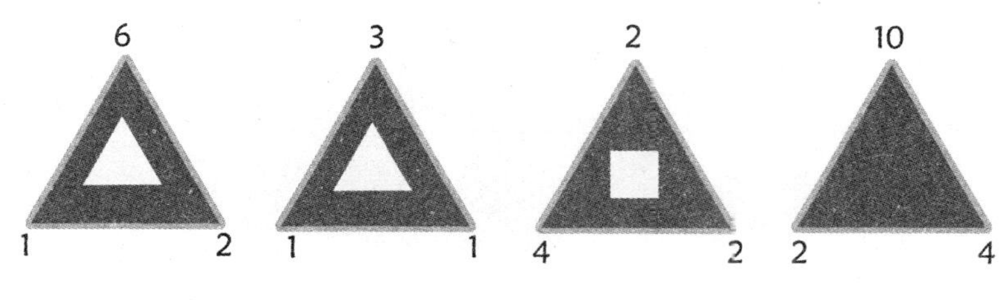

从三角形顶点上的数字找规律。

15 圆盘中的字母

观察圆盘，找到其中的规律后，在问号处填上合适的字母。

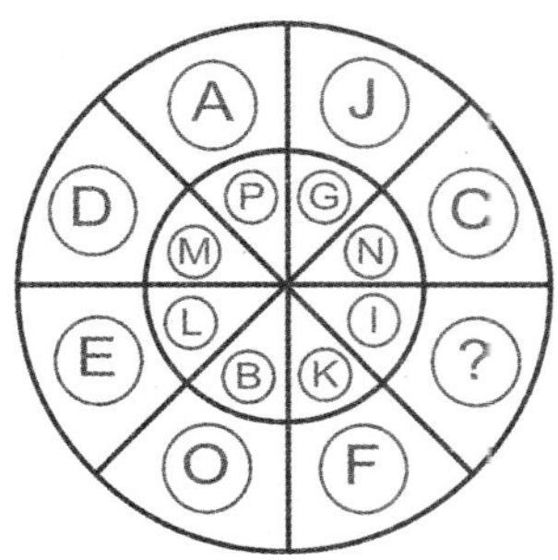

外层字母与内层字母所代表的数值之和有一定的规律。

16 圆圈的数量

图中是一些相互纠缠的圆圈。请你数一数，到底有多少个圆圈？

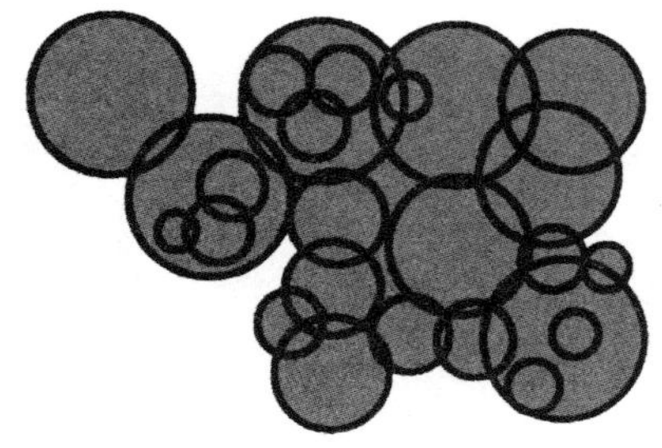

用一支铅笔，把数过的圆都做上记号，以防漏数或重复数。

17 问号处的字母

仔细观察图中字母的变化，并在问号处填上合适的字母。

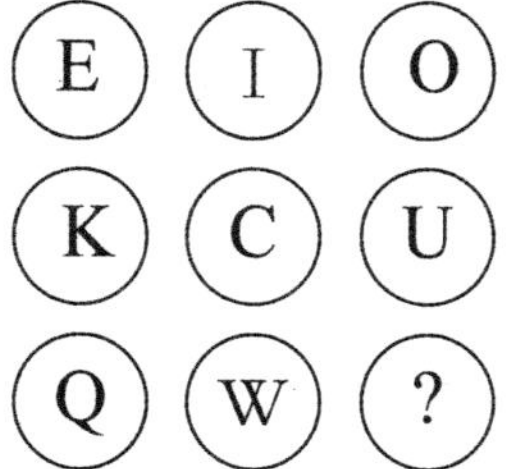

不妨先研究一下每个字母在字母表中的位置并标记出来。

18 空白方格处的选项

正方形内的黑色方格是不断变化的。现在，请你找到它们的变化规律，并在 6 个选项中选出合适的图形放入空白方格内。

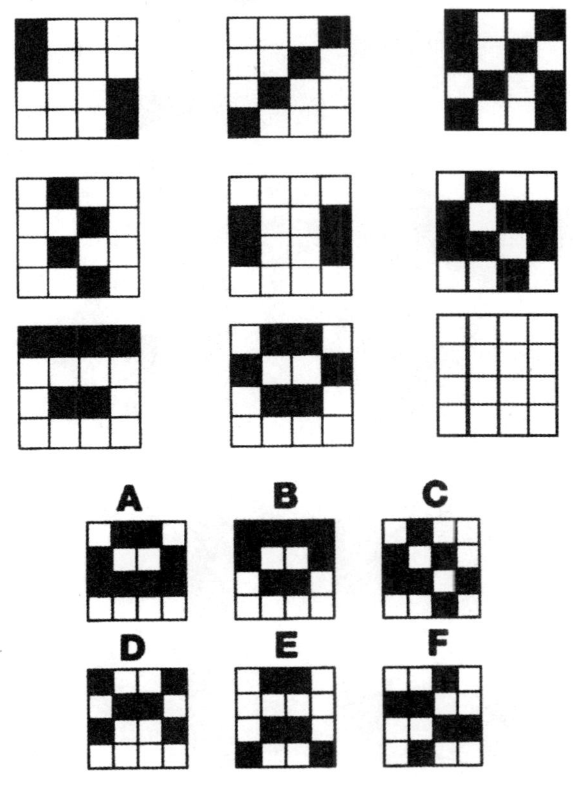

可以以每一行的正方形为一组，仔细观察每组中 3 个正方形内的黑色方格是如何变化的。

⑲丢失的字母

查理在画下面这幅画时，准备把字母表中的 26 个字母全部画进来，可等到他画完后，却发现少了一个字母。你知道缺少了哪个字母吗？

把你找到的字母按字母表的排列顺序写下来，看最后少了哪一个。

20 画直线分图

下面是一幅比较混乱的图，请你画 3 条直线，将图分割成 6 个部分，并使每一部分中有 1 个钟、2 只兔子、3 道闪电。

智慧点拨

以兔子为标准划分区域。

21 根据规律填字母

图中空白圆圈处，应该填入什么字母？

B

你应该先列出每一行字母所代表的数值。

22 数星星

请你数一数，图中到底有多少颗星星？

不要忘记了被压住的星星。

23 变换的图形

如果 1 与 2 相对应，那么 3 与下面 5 个选项中的哪一个对应？

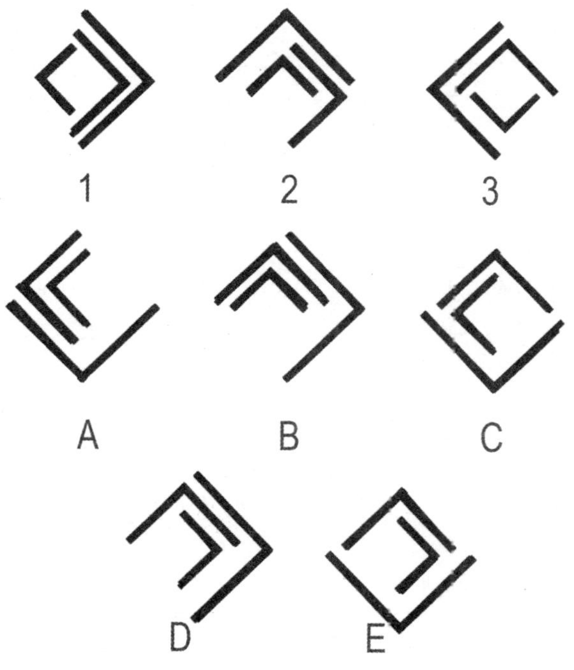

仔细研究一下图 1 是通过怎样旋转或翻转变成图 2 的。

24选择符合变化规律的图形

找到图中图形的排列规律后，从下列备选答案中选择正确的图形填入图中的空白矩形内。

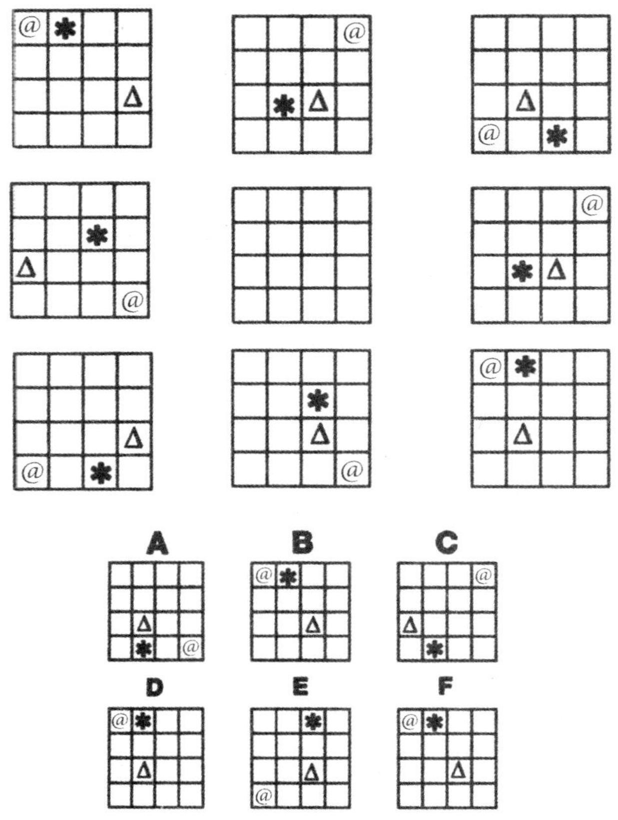

从左到右观察图形中的各个符号的变化规律。

25 井字图案

这是由 12 根火柴棍构成的井字图，请移动其中 3 根，使之形成 3 个彼此接触且完全相等的正方形。

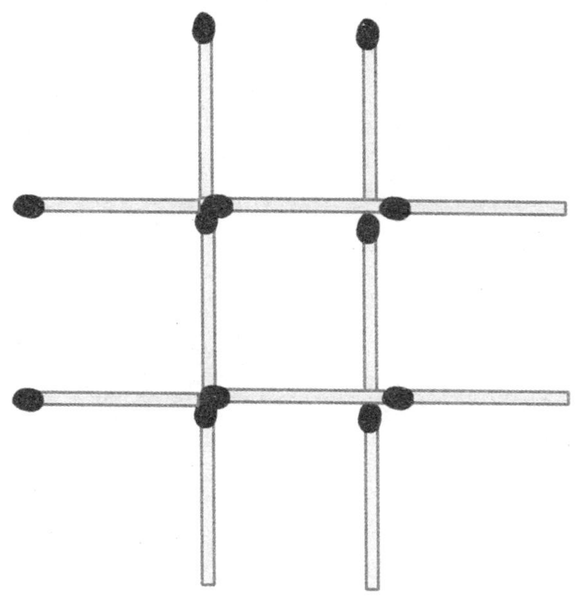

井字的外围有 4 个只差一根火柴即可构成的正方形，拆掉一个就可以构成另外 3 个。

26 缺少的字母

找到图中字母的变化规律，并在问号处填上缺少的字母。

本题涉及的字母较多，你需要对照英文字母表来观察。

27 长方形的数量

你能在下图中找到多少个长方形？

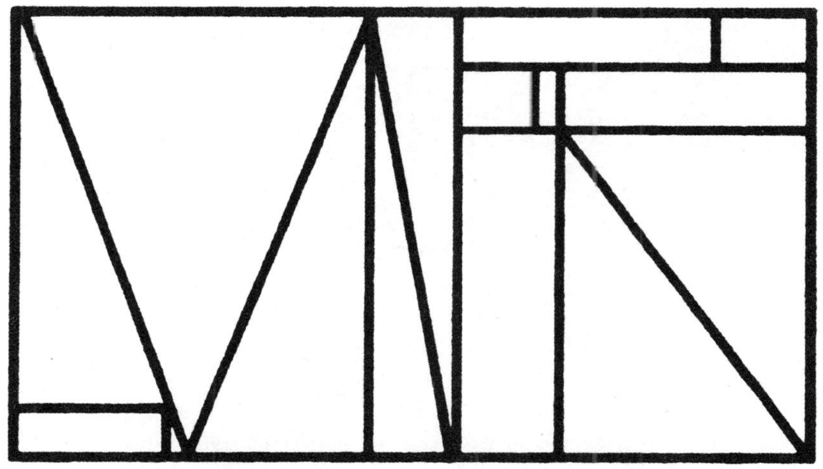

找长方形时，不要忘记有很多由小长方形拼成的大长方形。

28 第四个图形

按照第一行图的变化规律，第四个图形应是选项中的哪一个？

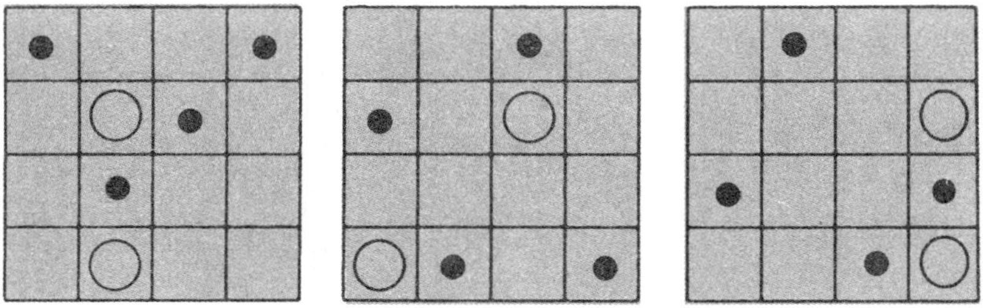

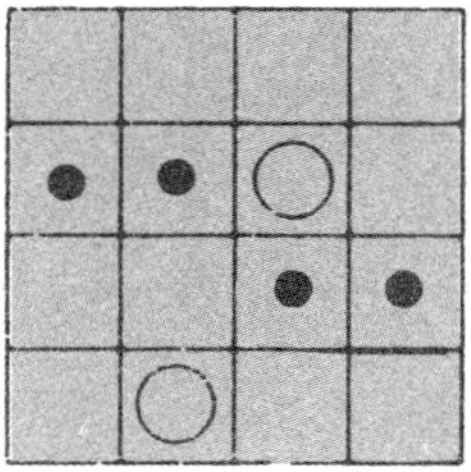

A

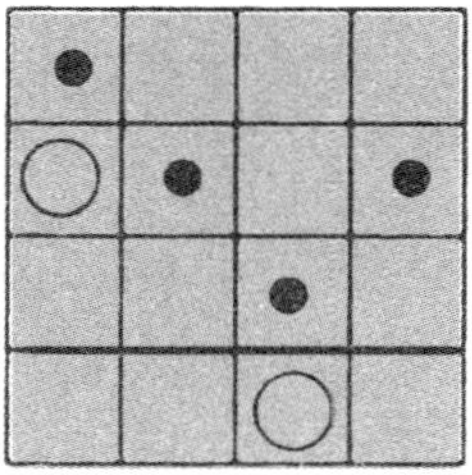

B

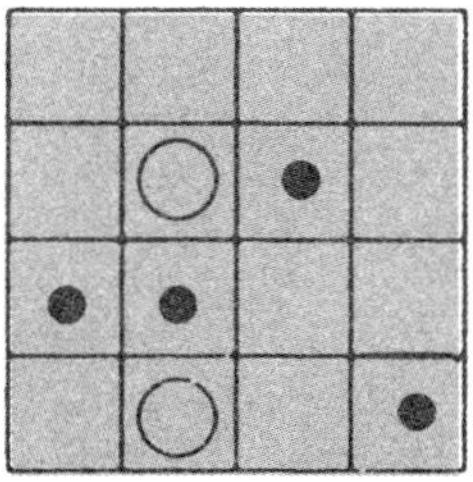

C

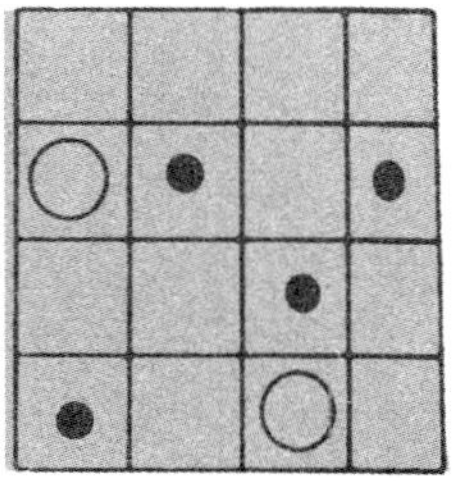

D

智慧点拨

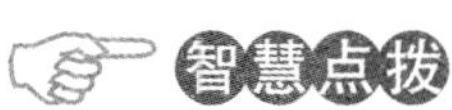

观察图中圆形及黑点的移动规律。

29 缺少的部分

下列 5 个选项中，哪一个适合放在问号处？

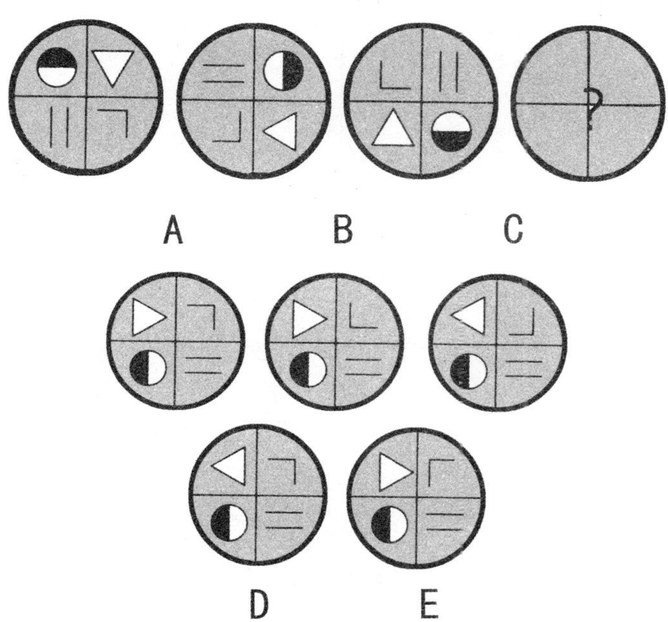

智慧点拨

5 个选项中有 2 种图形是一样的，所以可以只观察剩下的 2 种。

30 折叠的正方体

你能找出 B 到 F 哪个选项不能由 A 图折叠而成吗？

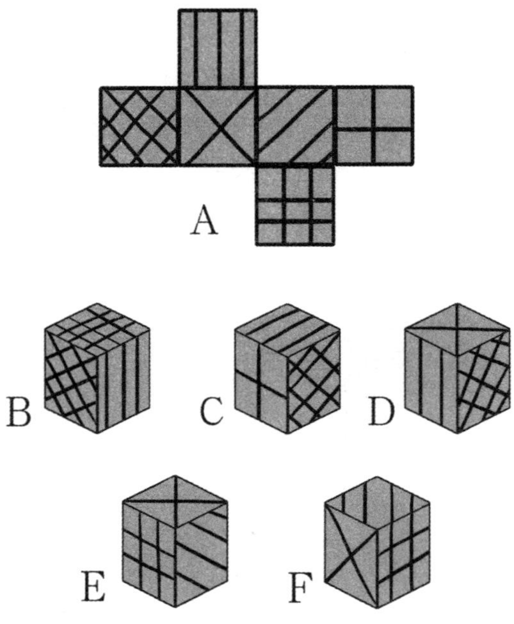

智慧点拨

只需看 A 图中不可能接触的两个面在哪个图形中变成了相邻的两个面。

31 变化的黑点

观察图中黑点的变化，然后在问号处填上合适的选项。

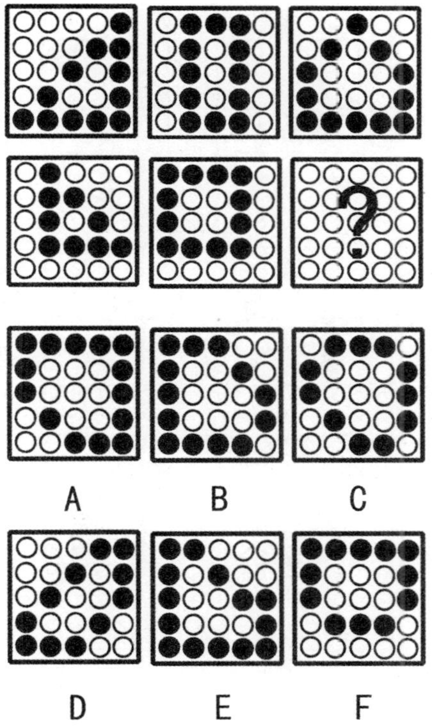

以行为单位，看黑点所组成的图形的边有何变化。

32黑色方块

观察图中黑色方块的变化，然后在问号处填上正确的图形。

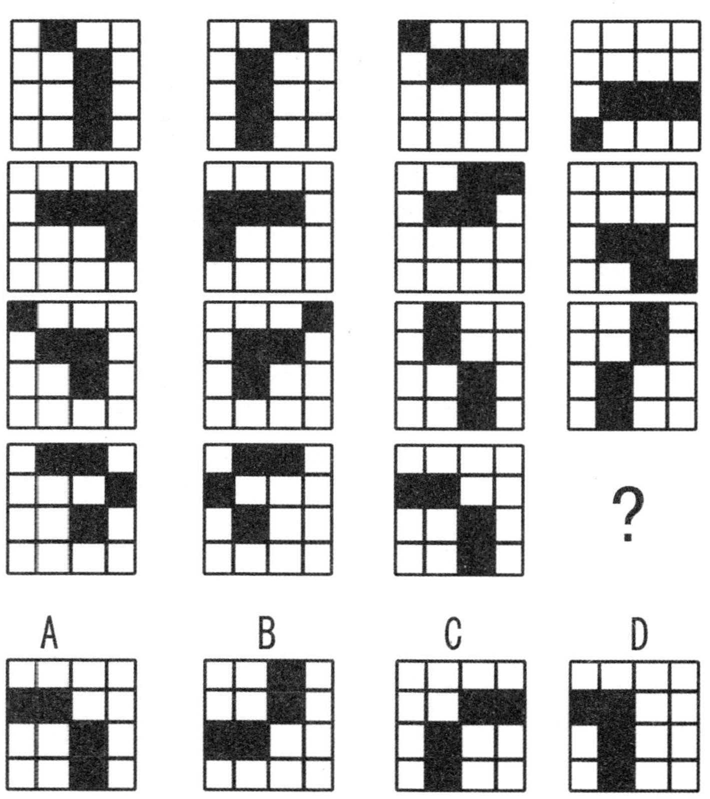

将每一行分成前后两部分，看看每部分图形有什么联系。

33 中间的图形

请你从四个选项中，选出适合图中变化规律的图形放在中间空白处。

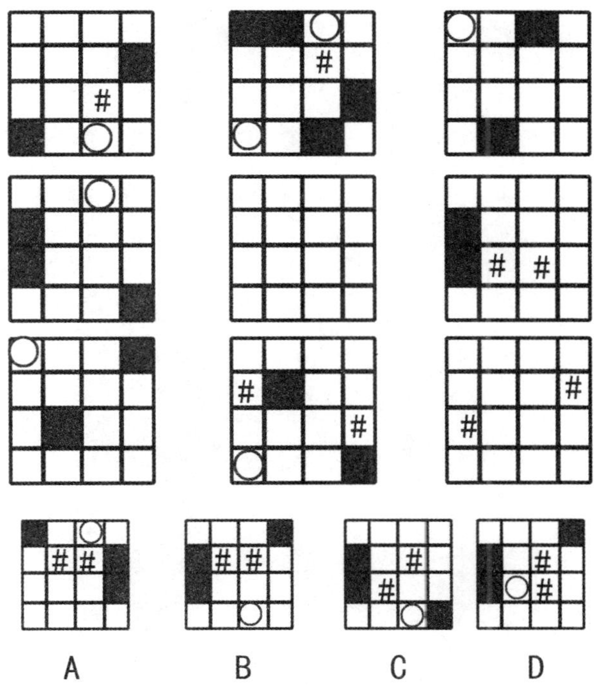

为了找到答案，你需要先将每一行中两个正方形进行垂直翻转再找规律。

34 字符变化的规律

仔细观察这些符号的规律，在画问号的黑色圆圈处填上合适的符号。

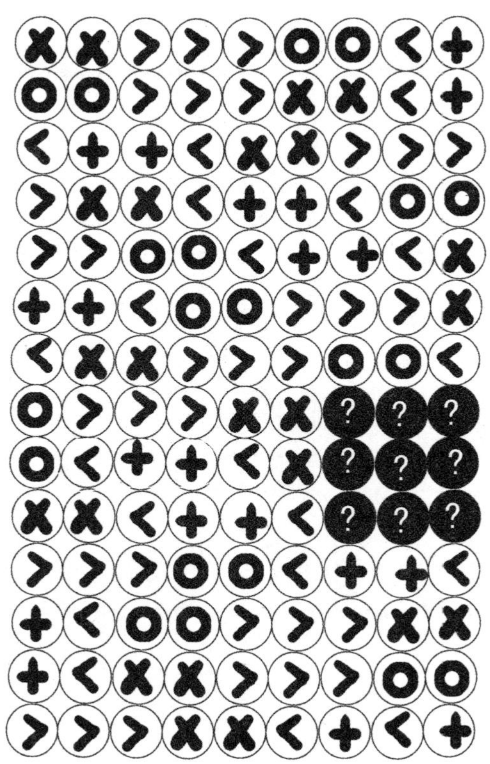

上面这张图其实是一个固定的图形组合循环排列组成的，你要做的就是找到这个图形组合。

35 送信的邮递员

一名邮递员每天都要去 63 个邮箱收取信件。他从 P 点出发，前往每个邮箱后，又返回 P 点，这条线路需要转 19 次弯。你能帮他找一条更便捷的路线，使他不用像以前一样转那么多次弯吗？

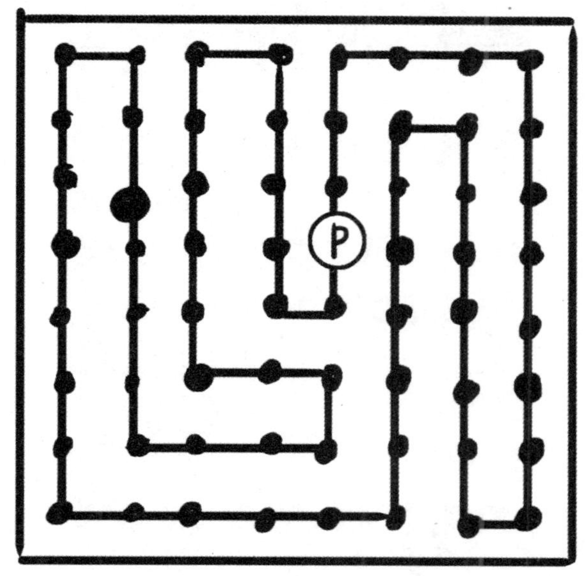

原来的路线

捷径有两条。

36 最后一个圆形

观察图中前 5 个圆形里色块和圆点的变化，在最后一个圆形里填上合适的色块和圆点。

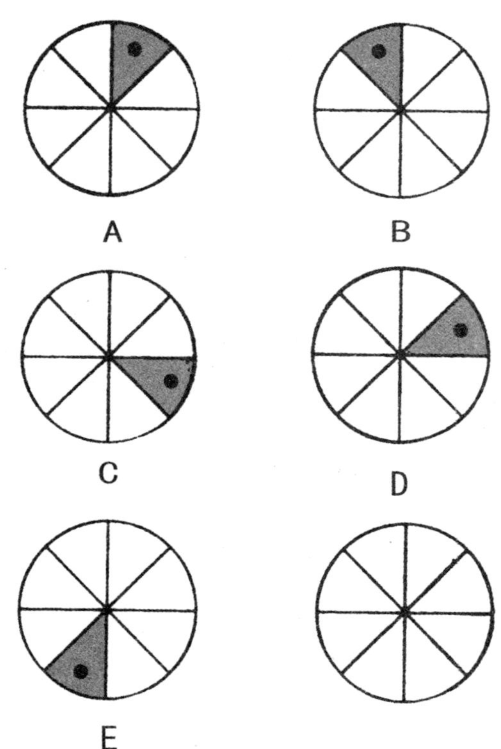

圆形中色块和圆点并不是按照一个固定方向一直向前的。

37移棋子

请你只移动图中的两个棋子，就把棋盘变成每行每列都各有 7、8、9 三个棋子。

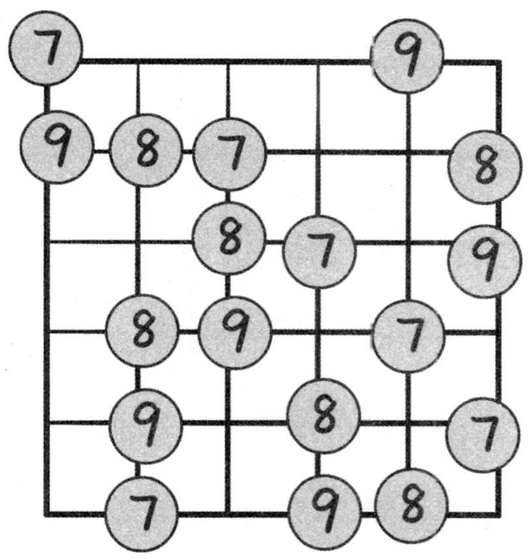

这个游戏有两种不同的移法。

38 按规律找图形

找出图形变化的规律后，从选项中找到符合变化规律的图形，并填入右下角的空白处。

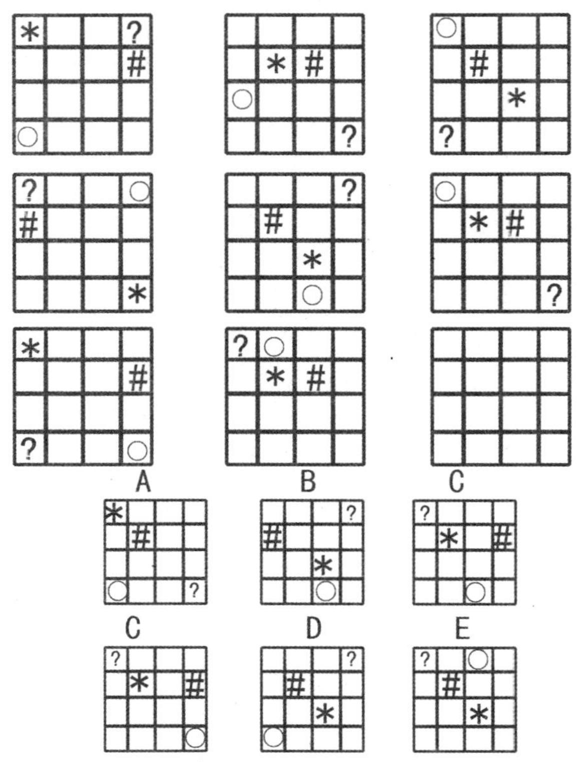

只要先观察？和#的移动规律，就可以通过排除法快速找到答案。

39 数三角形

数一数图中的几何图形里有多少个三角形？

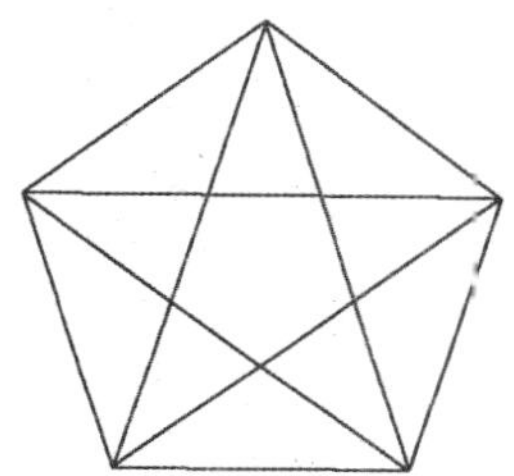

数三角形时，不要忘记了那些由几个小三角形组成的大三角形。

40 找位置

下一个点应该放置在什么位置？

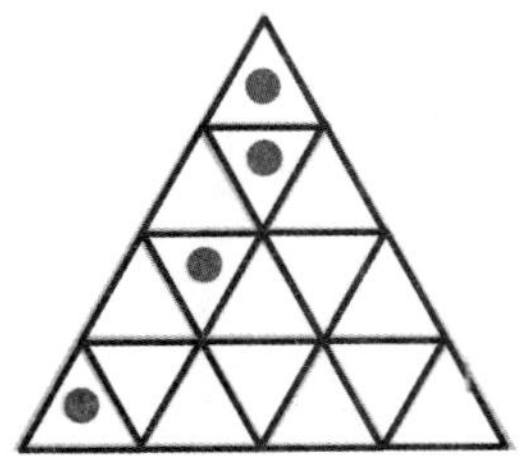

你需要找到圆点在三角形中移动的规律。

41 对应的图形

如果图 1 对应图 2，那么图 3 对应下面哪一个选项？

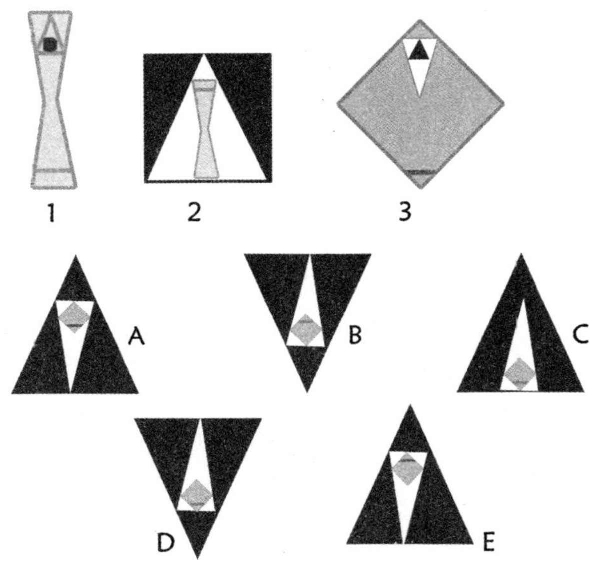

图中的图形进行了放大、缩小以及旋转角度等变换。

42 扑克牌的规律

找到扑克牌的规律后，在图中的空白处填上2张合适的扑克牌。

不用考虑扑克牌的花色。

43 三角形构成的条件

有4组木条，第一组分别长3厘米、4厘米、6厘米；第二组分别长3厘米、5厘米、7厘米；第三组分别长4厘米、5厘米、9厘米与第四组分别长3厘米、5厘米、9厘米。请问这4组木条中，哪一组能构成三角形？

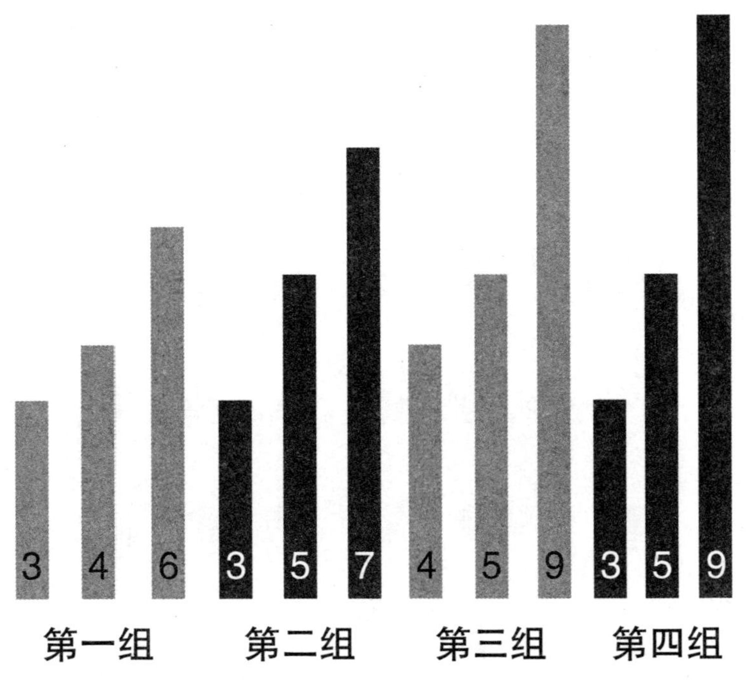

要构成三角形，其中任意两条边的和一定比第三条边大。

44 不能配对的六边形

下面有 25 个六边形，其中 24 个可以配对，你能找出剩下的那个吗？

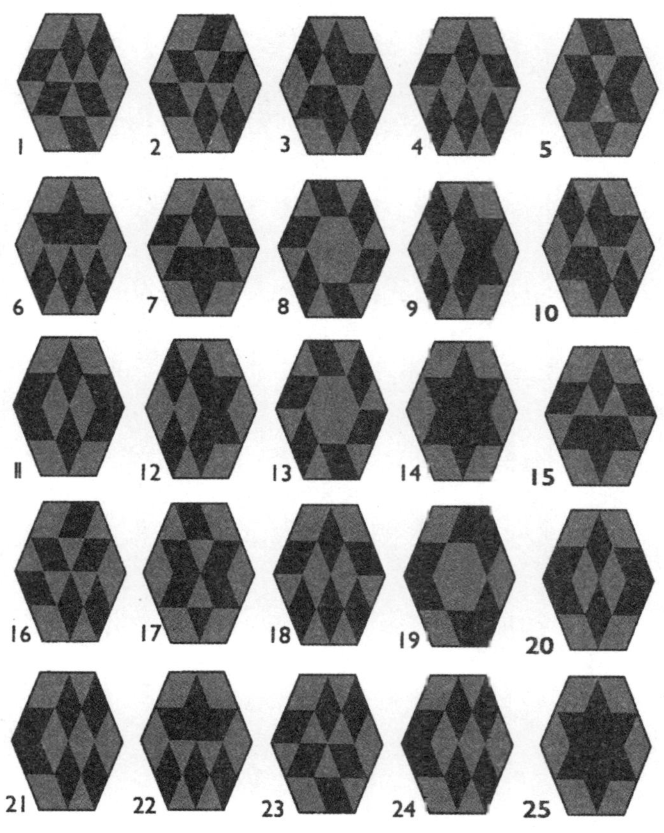

运用排除法可以加快游戏的速度。

45巧选图形

图中的问号处应该填入哪个选项?

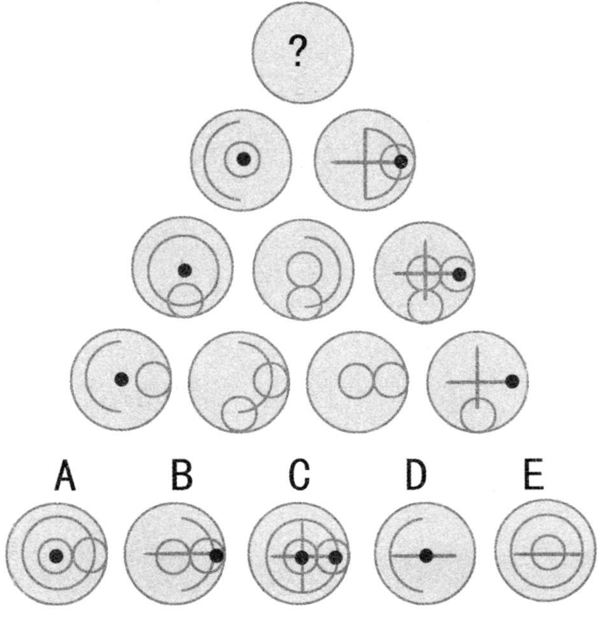

本题无须考虑图形旋转和对称问题。

46 最后一个正方形

下面是一些按照规律变化的正方形，请在最后一个正方形的空白处，填上合适的图形。

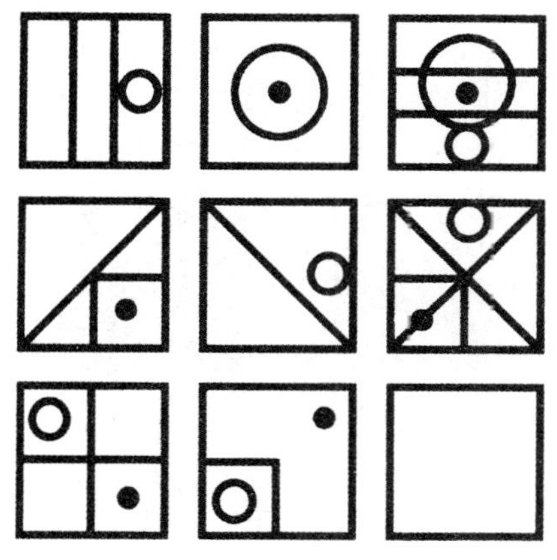

请仔细观察每一行中，最右边的图形与其他两个图形的关系。

47 时间变化

图中手表上所显示的时间都有一定的变化规律，找到规律后，请你在空白的手表处填上合适的时间。

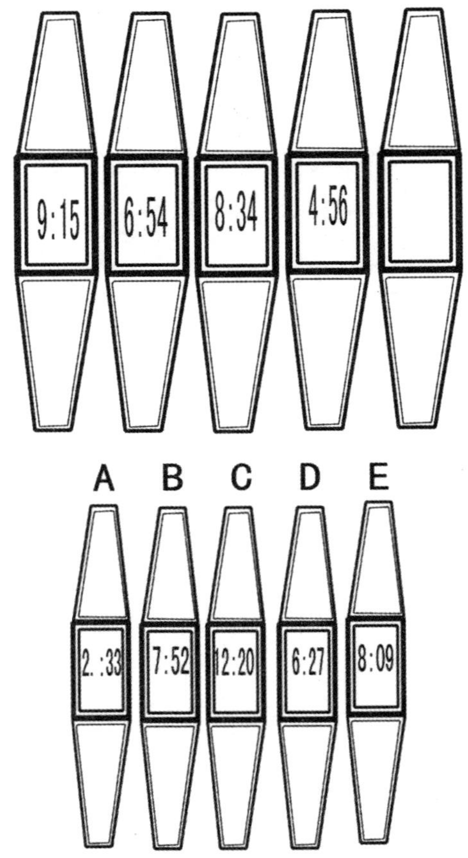

要把表上显示的时间当成单独的数字去找规律。

48 字母之间的规律

仔细观察，找出字母间的变化规律后，在方格中的问号处填上合适的字母。

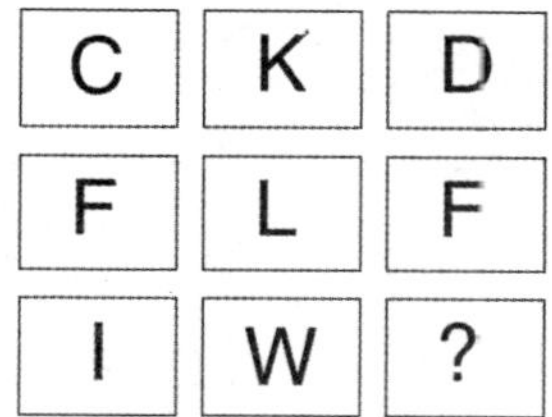

C	K	D
F	L	F
I	W	?

这道题涉及简单的数学运算。

49 “五”变“四”的正方形游戏

移动 3 根火柴，将下图变成 4 个全等的正方形。

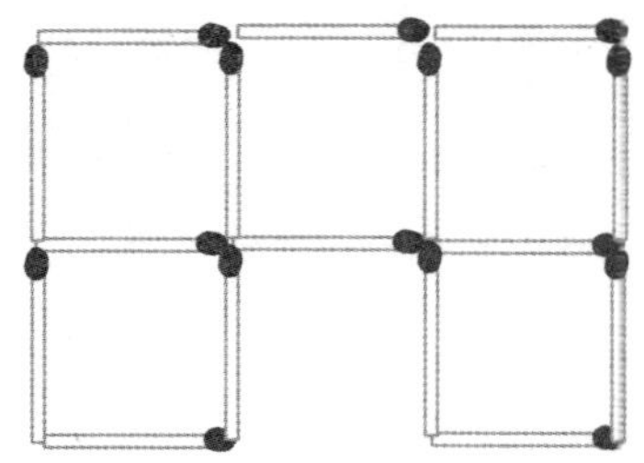

你需要拆掉两个正方形。

50装错的门

一位装修工人给某个家庭装了6扇门，但仔细观察后，发现其中有一扇门装错了，你能找到那扇装错的门吗？

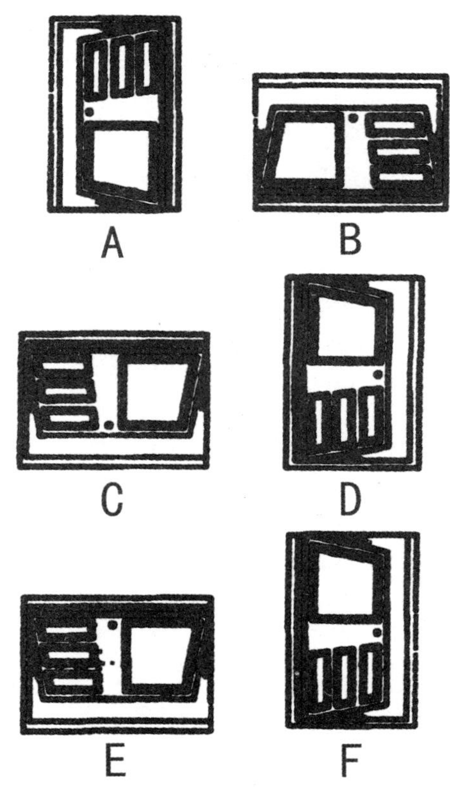

这道题其实是看哪扇门与众不同。

51 圆形碎片

正确组合可以将这些碎片组成一个圆形，但是其中多出了两块，你能找出是哪两块吗？

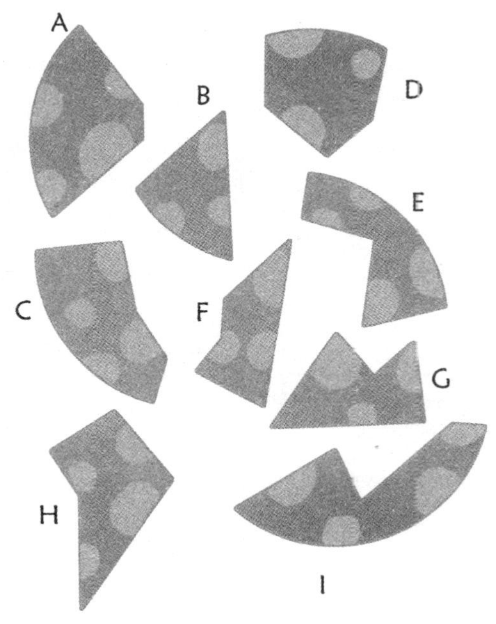

仔细观察哪两块碎片的边与图中其他碎片拼接后再也无法与其他的碎片拼接。

52 选择适合的字母

下面的正方形缺了一块，请你在右边选出适合图中字母规律的选项填充进去。

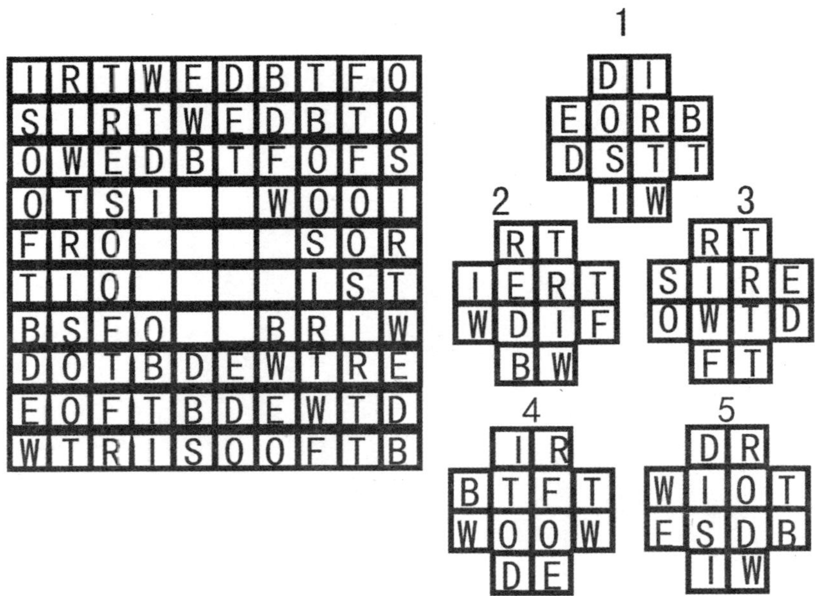

可以从左上方开始，按照顺时针方向寻找字母的规律。

53 补齐图片

找到图中线条变化的规律，然后在空白处填上合适的选项。

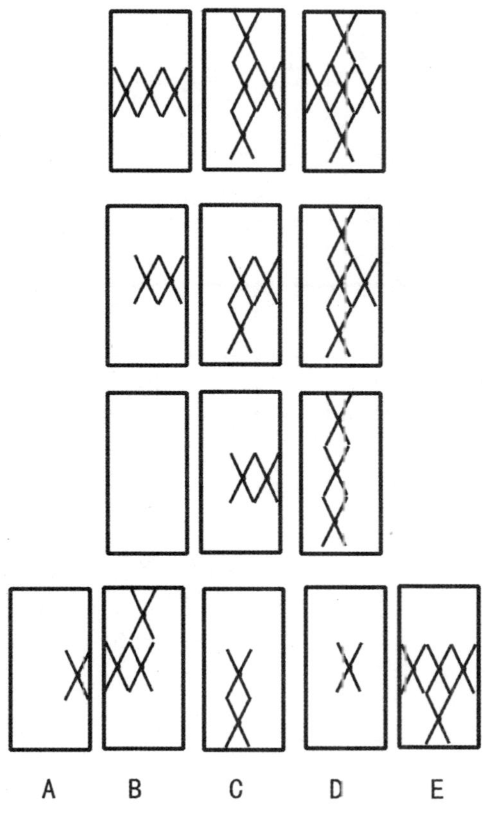

请从列为单位观察图形的变化。

54 图形填空

观察矩形中所有图形的变化，然后在空白处填上合适的选项。

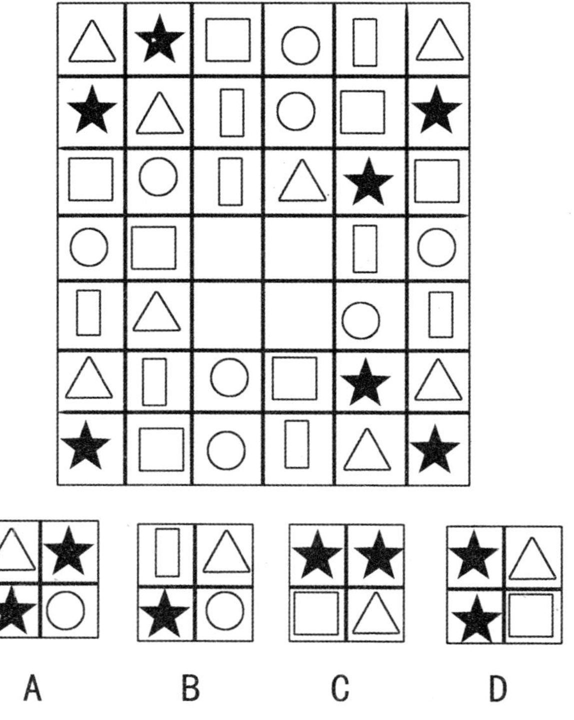

智慧点拨

矩形中的图形是按照 5 个一组有规律地移动的。所以你需要先确定这组图形。

55 正方形碎片

正确组合可以将下列碎片组成一个正方形，但是其中有一块是多余的，你能找出是哪一块吗？

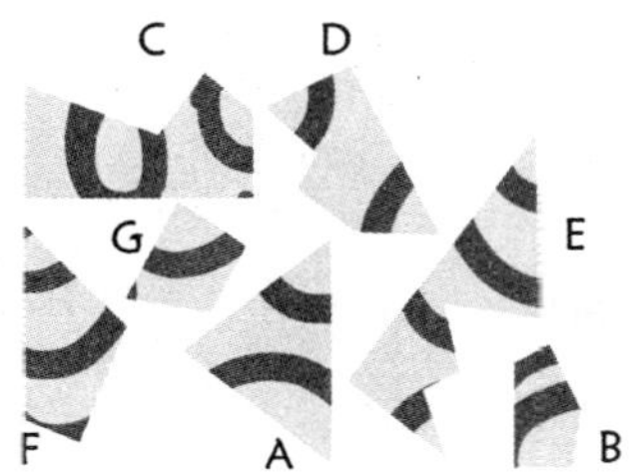

仔细观察哪一块碎片的边与其他任何一块碎片都不能拼合。

56 不同的三角形

下面每个三角形中的数字都是通过一个简单的数学公式联系在一起的。你能找出其中与众不同的一个吗？

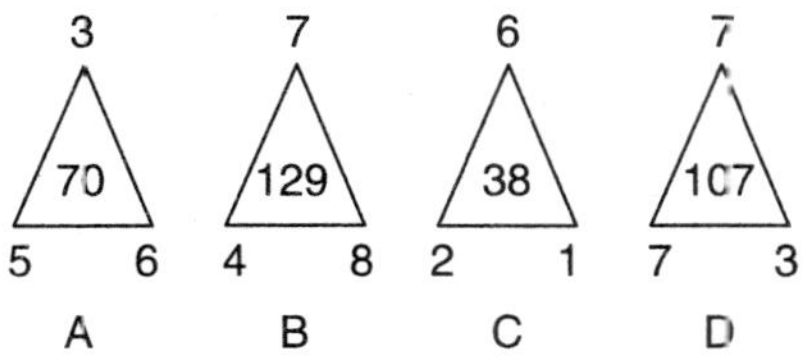

先看看每个三角形中间的数字与外面的3个数字是什么关系。

57特别的考题

歪博士出了一道题目来考周围的人：有这样一个的棋子阵，横竖都是 5 颗棋子，一共 25 颗。现在再加 5 颗，能不能使这个方阵变成横行、竖行、对角线都是 6 颗棋子呢？

此题不需要增加行数。

58 排列规律

找出图中的排列规律后，在空白处放入合适的选项。

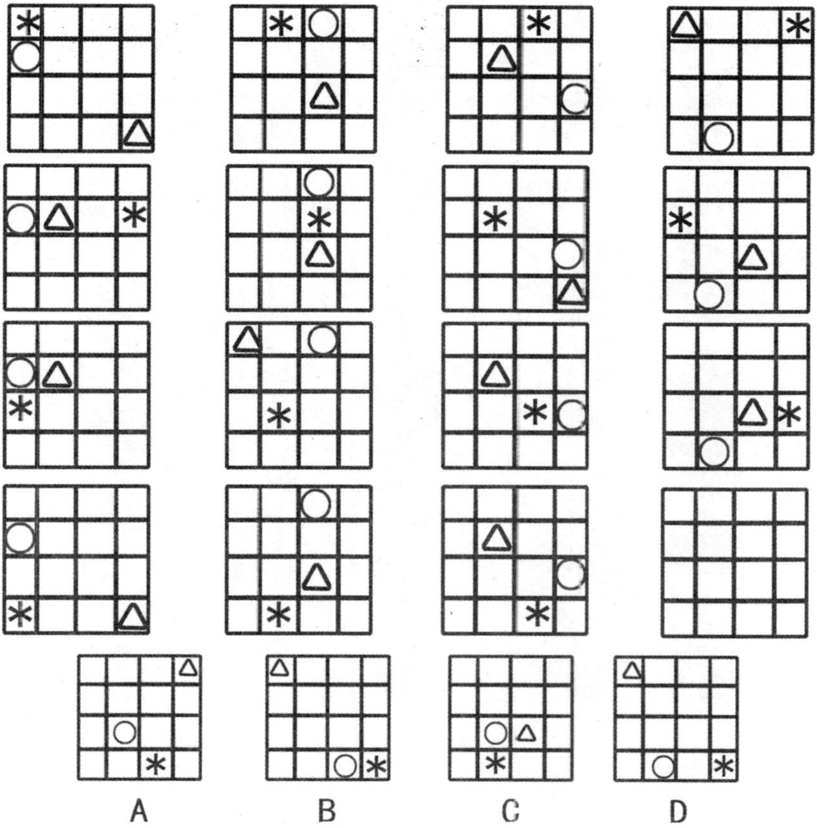

A　　B　　C　　D

只需要找出△和○的移动规律就能锁定正确选项。

59 最后一个图形

图中是一些按照规律排列的图形。你能找到图形排列的规律，并填上最后一个图形吗？

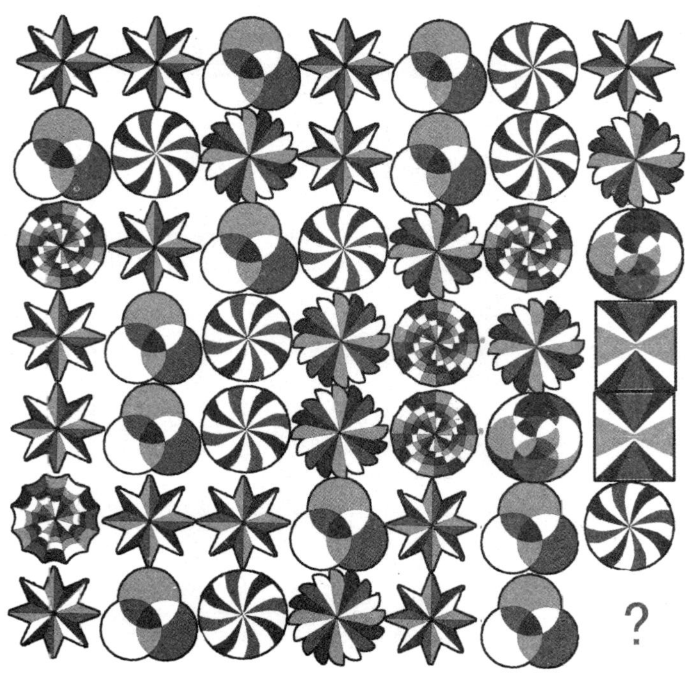

请仔细观察每一种新的图形都是何时出现的。

60给动物排队

戴维的观察能力不是很好，于是戴维的父亲便经常有意识地培养他的观察力。一天，戴维的父亲在一个动物园的宣传海报上看到了下面这幅图，于是父亲便要求戴维仔细观察下图中的动物，并找出这些动物的排列规律，最终确定问号处应填上哪种动物。

智慧点拨

仔细观察每种动物出现和消失有什么规律。

本章答案

1 梅花 5。在每一行中，将前 4 张牌的点数相加，得到一个两位数，然后再将组成这个两位数的两个数字相加，就可得到第 5 张牌的点数，花色与前 4 张牌中点数最大的那张牌相同。

2 16 个。

3 72。每个图形中，5 个字母数值之和等于中间的数字。

4 D。图形 B、C 分别为图形 A 逆时针旋转 90 度和 180 度所得。

5 P。每一组图形中，每一列的字母所代表的数值之和全部相等。

6 如图。

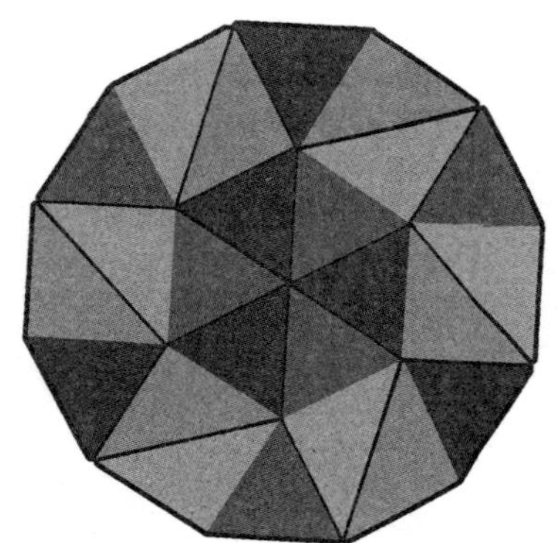

7 D。前三项均符合公式：左 +（中 × 右）= 上 +（中 × 下）。但是在 D 项中，公式左右两边的数值分别为 26 和 25，并不相等。

8 图 1 机器右下方缺少部件；图 2 钟表缺少指针；图 3 机器的左侧缺少手柄；图 4 墙上缺少插座。

9 J 处为选项 4，N 处为选项 6。在图形中，有一部分格子按照从右到左的顺序向下移动，然后以同样的顺序向上移动。但是当前面出现过的排列顺序再次出现时，它将从这一图形序列中被删除掉。

10 如图。

11 这 4 个自然数分别是 7、1、2、4。

12 C。该图规律为：下一幅图为上一幅图逆时针旋转 90 度得来的。

13 4。首行的图形都是垂直方向对称的；第二行为水平方向对称；第三行沿对角线对称。

14 一个正方形。如果三角形各顶点上的数字和为偶数，图形即为正方形；如果和是奇数，图形即为三角形。

15 H。每组圆盘中的外层字母与内层字母代表的数值之和为 17。

16 有 25 个圆圈。

17 A。从左上角的字母开始，沿第一列向下，然后沿着第二列向上，最后顺着第三列向下至右下角，按照字母表的顺序，每两个相邻的字母间相隔 5 个字母。

18 B。在每一行中，将左边图形中的黑色方块与中间的叠加，就得到了右边的图形。

19 字母 D。

20 如图。

21 M。每行字母所代表的数值相加都为 27。

22 40 颗。

23 C。最小部分顺时针旋转 90 度。中间部分保持不动，最大部分逆时针旋转 90 度。

24 D。从左到右，逐行来观察图形的变化。@ 在正方形周的四个角呈“8”字形移动；* 在中间两列中，沿逆时针移动，每次走两步；△只在第 3 行来回移动。

25 如图。

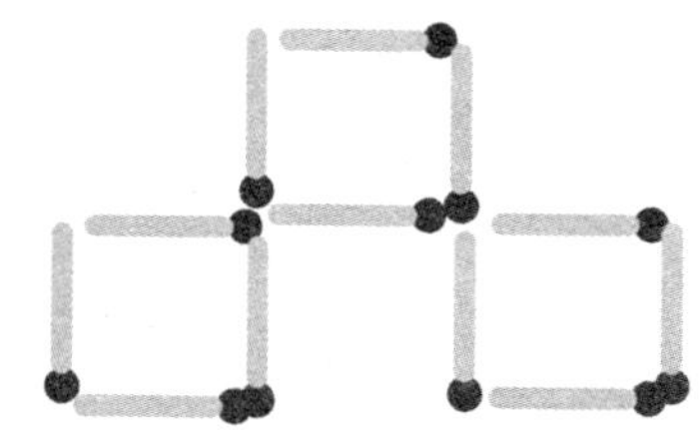

26 M，W，I。如图。从左上角开始，按顺时针的方向旋转至中心，可以发现最外圈每后两个字母之间间隔 4 个字母。第二圈两个字母间隔为 6，第三圈两个字母间隔为 8。

27 23 个。

28 D。

29 E。将圆作为一个整体，每次顺时针旋转 90 度。

30 B。

31 A。以行为单位，从左向右观察，可以发现，黑点组成了直边图形，而且每往右移一个格，图形边就增加一条。

32 B。每一行前两个图形是垂直方向上的镜像，后两个图形是水平方向上的镜像。

33 B。每一行左右两边图形垂直翻转后相加，就是中间的图形。

34 <++。

×>>。

○○>。

从左上端开始，第一行从左到右，第二行从右到左，以此类推，就可以找到这样的循环：××>>>○○<++<。

35 如图。

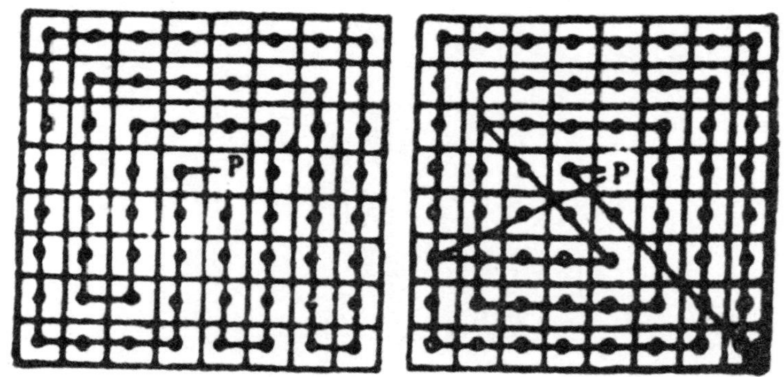

36 如图。从圆圈 A 内的色块与黑点开始，首先逆时针退一格，再顺时针进三格，如此重复。

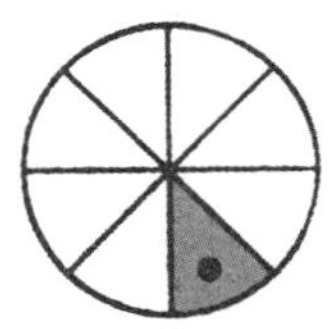

37 如图。

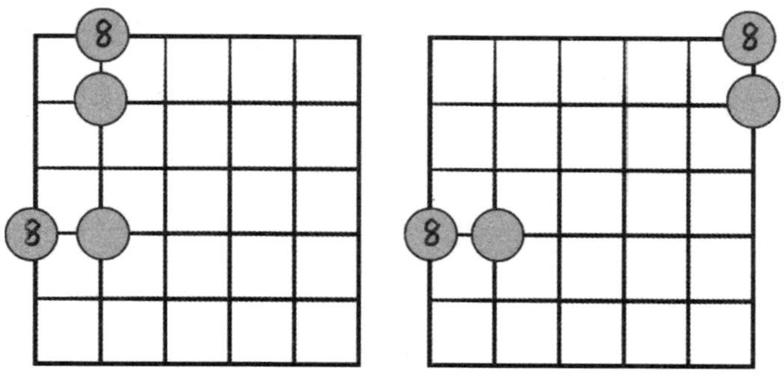

38 D。每一行从左到右的正方形中，* 沿着同一条对角线来回移动。? 沿顺时针方向每次移动 90 度。○按照顺时针方向先后移动 1 个格、2 个格、3 个格……依此类推。# 每次移动一个格，移动方向为第一行从右向左，第二行从左向右，第三行从右向左。

39 35 个三角形。

40 如图。从顶部开始，从左向右，圆点依次走了 2 步、3 步、4 步、5 步。

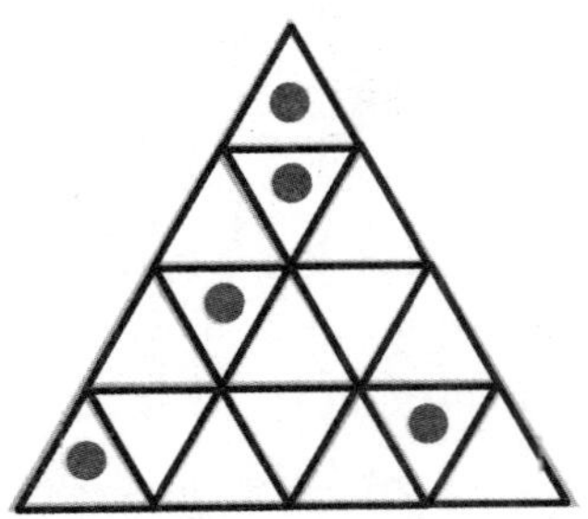

41 E。最大的图形垂直翻转，且缩为最小的；最小的图形变成最大的，方向不变；剩下的图形方向不变，放大。

42 任意花色的 2 和 9。

在每一行中，前面 5 张牌的点数之和为后面两张牌所构成的两位数。

43 只有第一组与第二组能构成三角形。

44 序号为 19 的六边形不能与其他的六边形配对。

45 C。每一行的图形叠加起来都能得到 C 选项。

46 在每一行中，右边的图形是由左边图形顺时针旋转 90 度，中间图形逆时针旋转 90 度，二者相加得来的。

47 D。每块手表中的数字相加都等于 15。

48 J。每一列中，上面两个字母所代表的数值相加的结果等于第三个字母所代表的数值。

49 如图。

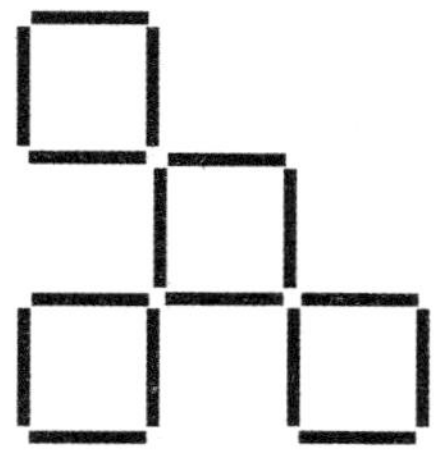

50 E。这扇门的门把手所在的位置是错误的。

51 C 和 F。

52 3。从左上方开始，按照顺时针方向，以螺旋形轨迹，字母分别为 I、R、T、W、E、D、B、T、F、O、O、S，以此类推。

53 D。每一列中，每往下一格就会移走一个交叉的符号，并且先移走一边的，再移走其对边的。

54 D。矩形中的图形以△★□○▯为一组，按照第一行从左往右，第二行从右往左，第三行从左往右的规律移动。

55 G。

56 C。除 C 之外，其他 3 个三角形中间的数字均为外面各数的平方之和。

57 原来的 25 颗棋子不动，只需要把新加的 5 颗棋子像下图那样与别的棋子重叠就可以了。

58 D。每一行中，图形都是从左到右排列。○在正方形的最外面一圈沿顺时针方向每次移动三个位置，△沿同一条对角线来回移动，*从上往下呈“Z”字形来回移动。

59 通过观察可以发现图中有 8 种图形，给每一种图形加上序号。从第一行起，图形的排列的顺序为：1，1、2，1、2、3，1、2、3、4，1、2、3、4、5……最后到 1、2、3、4、5、6、7、8，然后又开始重复。所以答案为。

60 驴。前 6 种动物为一组，不断重复。每次都把前一组的第一个动物去掉，顺序就是虎、骆驼、象、牛、狮、驴，骆驼、象、牛、狮、驴，象、牛、狮、驴，牛、狮、驴，狮、驴。

第四章

冷静归纳，看图填数字

1 六边形数字阵

下图是由 6 个三角形组成的六边形，在这个六边形上对称地放着 20 个小圆圈。请你将 1 到 19 这 20 个整数分别放进每个小圆圈中，使图中三角形的每条边上的 3 个数字之和都为 22。

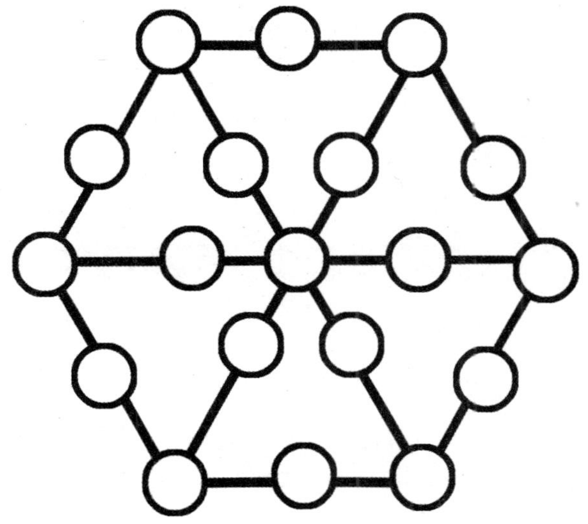

可以将 2 这个数字作为六边形的中心点来试一下。

2 问号处的数字

你能根据规律推断出问号部分应当填入的数字吗?

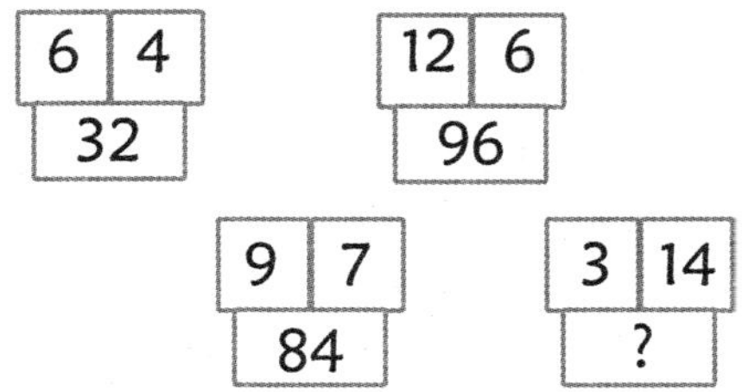

智慧点拨

每一个图形中下面的数字都是由上面两个数字经过同样的运算得来的。

3 补齐数字

下面 4 个圆形都被分成了 4 份,并填上了有规律的数字,你能找到它们的规律,并把缺少的数字补齐吗?

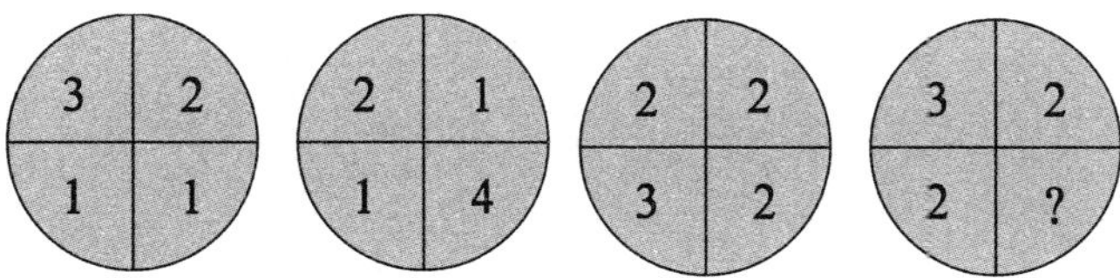

智慧点拨

你需要把每个圆圈中的数字经过同样的处理变成一个数字再去找规律。

4 巧判正误

你能一眼看出下面的题目中，哪个答案是正确的吗？

可以先从小数点后面开始检查，看哪个选项符合要求。

5 被分割的正方形

要完成这道题，问号处应该填上什么数字？

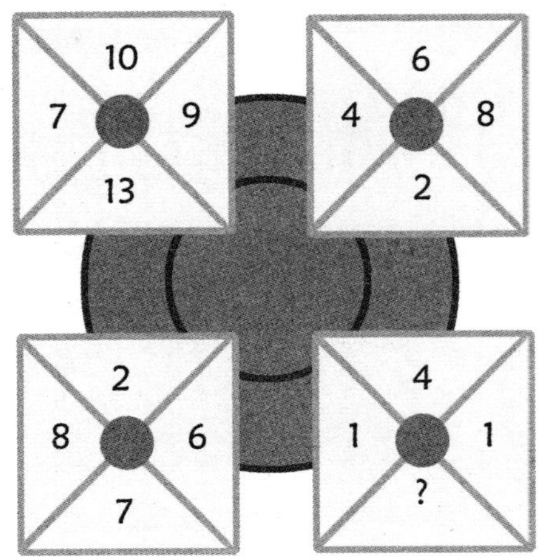

将正方形分成 4 个小部分来看，再从相同位置的数字之间去找规律。

6 填数求和

把 1 到 9 这 9 个数字分别填入下面的圆圈内，保证每条边上的数字之和等于 20。

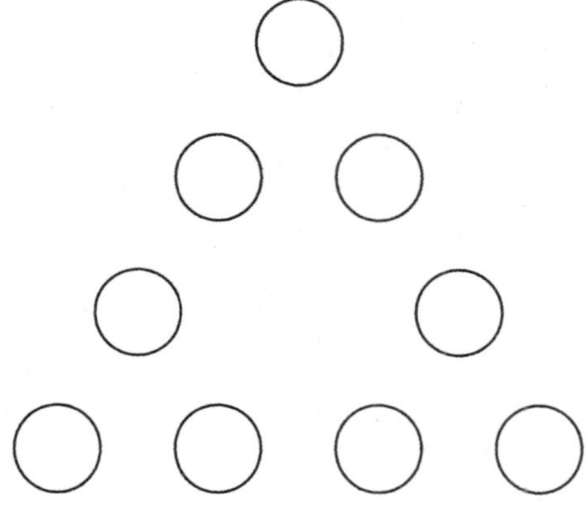

先分析一下这 9 个数字里面，哪 4 个数字相加等于 20。

7 幻方

图中是一个四阶幻方，需要把 1 到 8 和 –1 到 –8 这 16 个数字填入矩形方阵内，使得每行每列与每条对角线上的数字之和都等于 0。

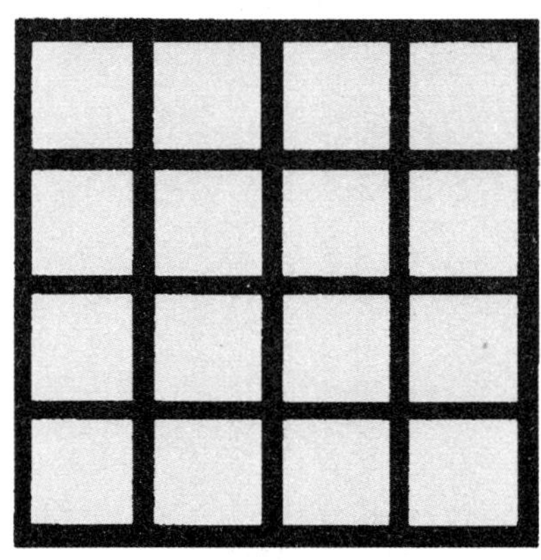

这个游戏的答案有许多种，如果有耐心，可以多试几次，得出更多的答案。

8 正方形中的数字规律

你能找到以下数字的排列规律并推断出最后一个正方形内的问号处应当填入的数字吗?

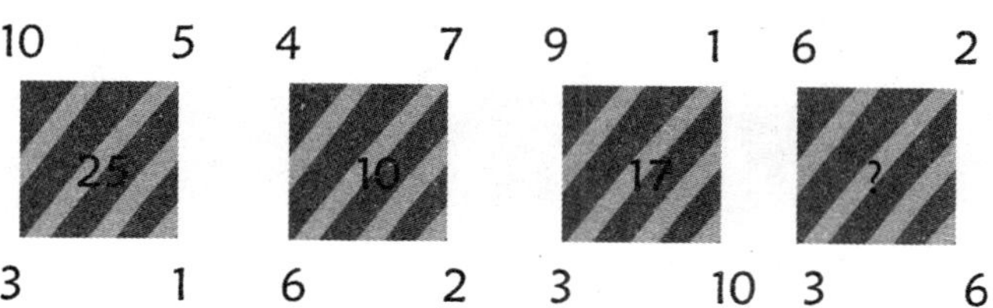

本题涉及乘法和减法运算。

9 找数字的规律

找出表格中数字的规律，判断问号处应当填入的数字。

1536	48	96	3
384	192	24	12
768	96	48	6
192	?	12	24

本题只涉及乘法和除法运算。

10数字圆盘

根据规律找出最后一个数字盘中问号部分应当填入的数字。

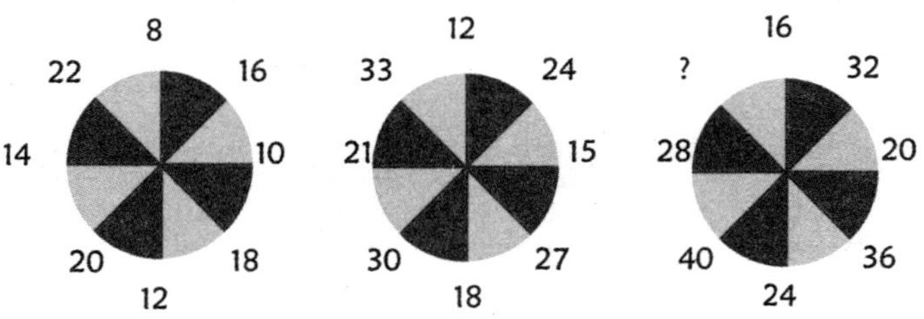

寻找圆盘上的数字之间的规律，不要看相邻的两个数字，而要中间隔一个数，如第1个和第3个，第2个和第4个。

11方框中的数字规律

你能找出方框中数字的排列规律，并且指明问号部分应当填入的数字吗？

5	3	8	7
12	15	49	56
3	9	4	12
18	27	36	?

将整个方框平均分成4个部分来看，再从每个部分中找到相同的规律。

⑫钟表上的时间

根据规律，说出第 4 个钟表上应该显示几点几分。

A 
B 

C 
D 

不要从整体的时间去考虑，要将分针与时针分开来看。

13 填入符号

在这个四边形中需要填上数学符号“+，−，×，÷”。你能在每两个数字之间正确地填入相应的数学符号，从而使最后结果等于 62 吗？

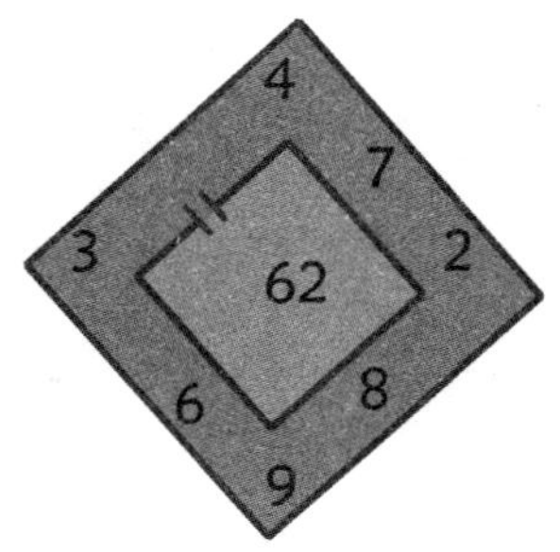

有 3 个符号需要被重复使用 2 次。

14 圆圈内的数字

在图中空白的圆圈内填上合适的数字。

3	12	20
	33	27
42	45	47

从左上方开始，沿着“己”字形寻找规律。

⑮七边形幻方

有一个七边形幻方，请你把 1 到 14 分别填入七边形每条边上的圆圈内，使得每条边上 3 个数字之和等于 26。

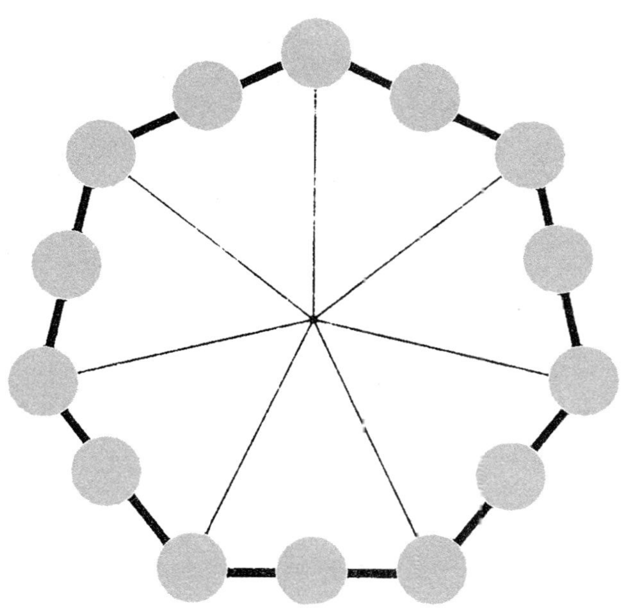

找到这 14 个数字中哪些数字相加的和等于 26，就能很快解答游戏了。

16 合适的字母

下面列出的 8 个字母中，哪个适合放在图中的问号处？

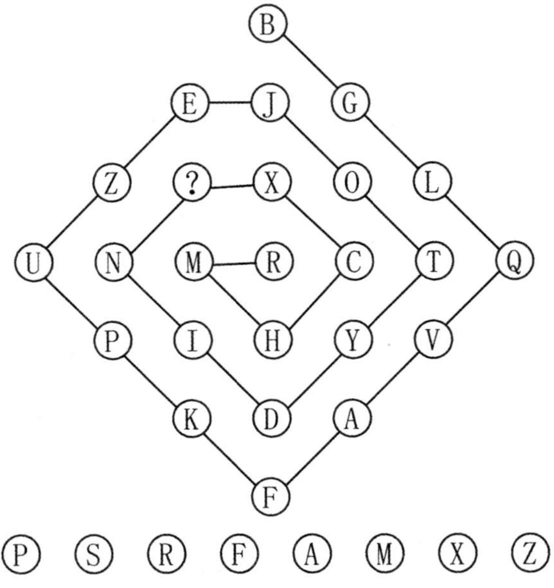

本题对照着字母表来看会更容易找到答案。

17 正确的数字块

观察图中数字的规律，然后把5个选项中符合数字变化规律的选项填入图中的方块内。

5	1	8	6	0	4	2	3	7	9
3	8	6	4	9	5	2	1	0	7
6	0	5	1	7	4	8	2	9	3
1	9	8	2			0	5	6	4
7	3	9					4	5	0
6	9	3					7	5	1
0	4	7	3			1	8	2	6
9	7	2	0	1	6	3	5	8	4
1	3	8	7	2	9	6	4	0	5
5	9	6	3	0	7	1	4	8	2

A

	6	1	
4	5	8	3
2	9	0	1
	9	7	

B

	7	3	
8	1	6	2
0	4	8	2
	5	9	

C

	4	6	
7	3	8	1
6	2	0	4
	9	2	

D

	3	9	
0	5	2	7
4	1	8	3
	2	6	

以矩形的行为单位进行观察。

18 车轮轴里的字母

有 3 个车轮轴，里面放置了一些有规律的字母。现在请你观察它们的变化规律，并在第三个图的空白处填上合适的字母。

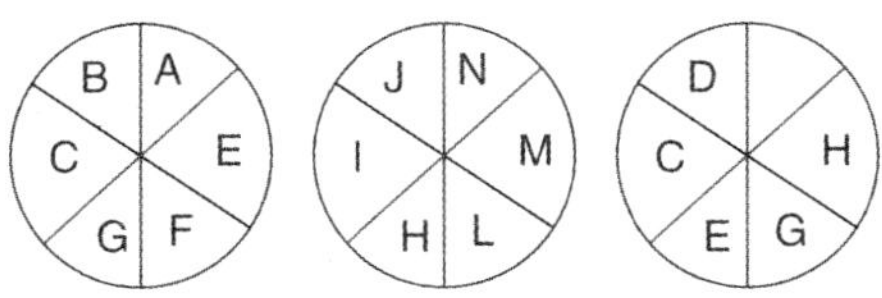

你可以先写出每个字母对应的数值再来观察。

19 划分数字

图中是一个数字矩阵，请你把它们划分成 6 个完全相同的部分，并使得每个部分所有的数字之和都等于 17。

7	1	4	4	4	3
3	5	5	3	5	2
5	5	1	3	5	0
1	4	3	2	0	5
3	0	4	5	6	4

在分割时，不要将你的思维局限在正方形和矩形。

20有意思的填数字

把下面的数字填入矩形方格内，并使得每一个数都能找到位置。

2位数：17、35、70、98。

3位数：147、279、386、623、914。

4位数：2240、3049、3861、4257、5326、7502、7987、9366。

5位数：19282、24617、50109、81234、98936。

7位数：6182492。

9位数：140311890、410637389。

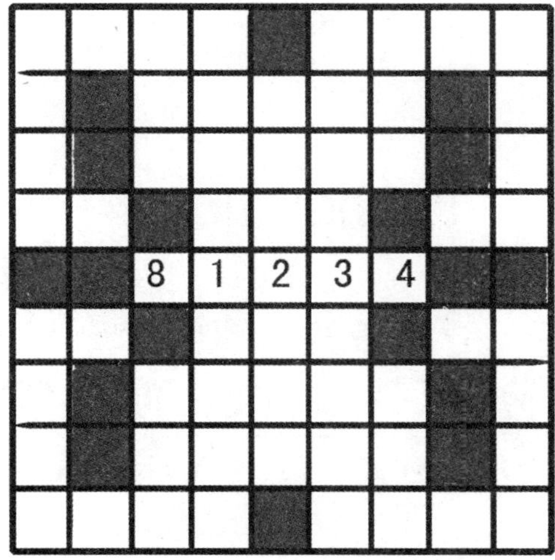

图中阴影部分的方格不用填入数字。

21找规律填数

找出规律，为三角形 D 的问号部分找出一个合适的数字。

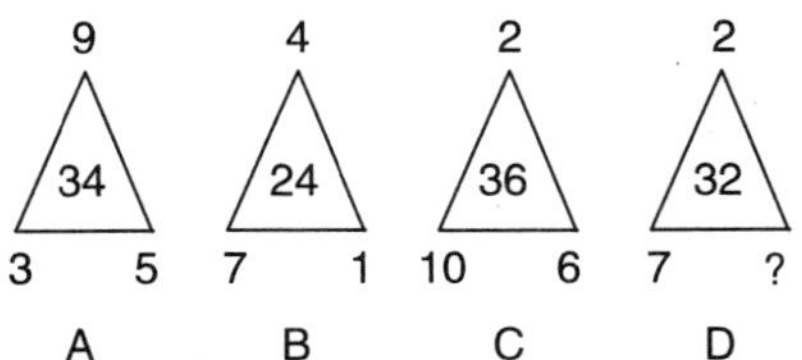

本题涉及加法和乘法运算。

22选择合适的图形

请从下排 5 个选项中，选出一个合适的图形填入上排问号处。

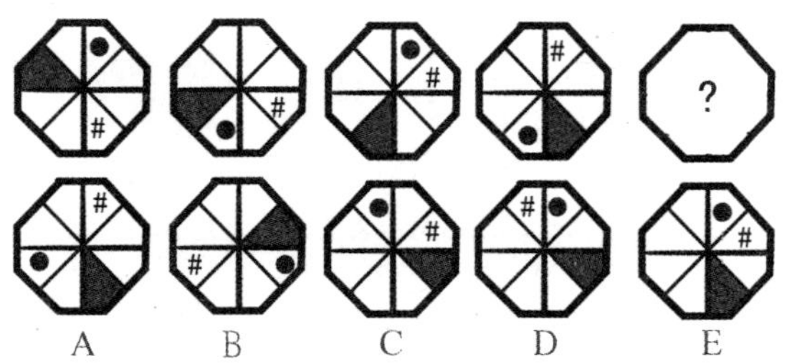

每个图形中有两个符号和一块阴影，只要确定其中任意两个就可以找到答案。

23 半边圆的规律

问号的地方填上什么数字可以解开这道难题?

将上面两个圆垂直分成两半，每部分的数字与下面圆中的数字密切相关。

24 变幻图形

根据第一行的图形变化规律，找到合适的选项放到 4 下面。

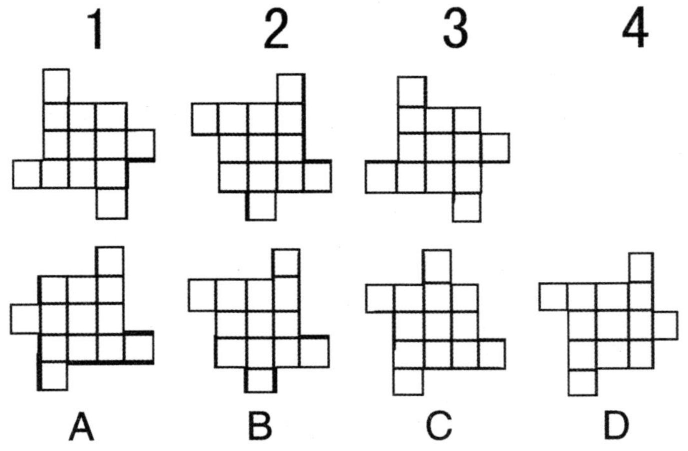

图 1 与图 2 之间的关系就是图 3 与图 4 之间的关系。

25 填合适的数字

下面是一些不规则的多边形，每一个多边形中心和四周都有一些数字。仔细观察这些数字的变化，并在最后一个多边形中打问号的地方填上合适的数字。

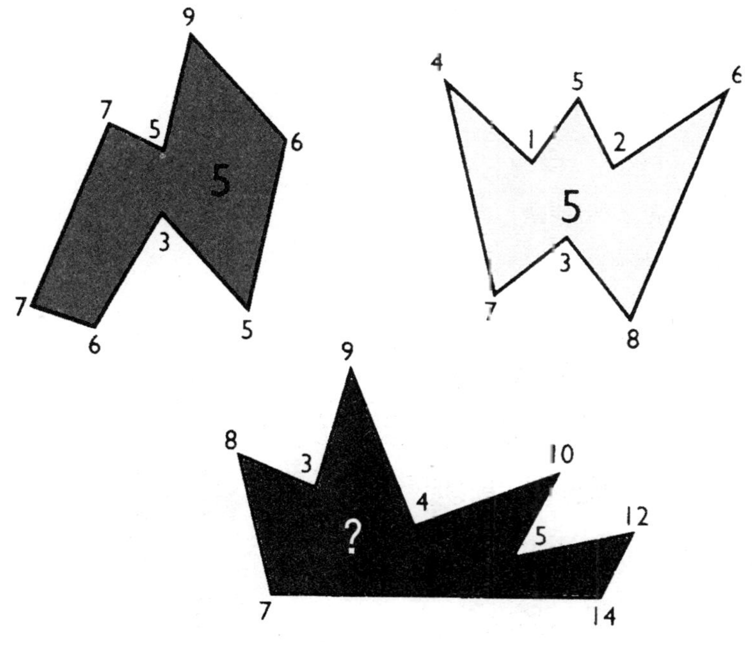

观察每一个多边形凸角上的数字与凹角上的数字之间有什么关系。

26 杂乱无章

把下面的数字填入空白的格子中。

3 位数：120、122、125、253、254、281、283、325、326、400、527、583、800、928

4 位数：2512、8300、8328、8476

5 位数：10863、10875、11241、12248、12841、12845、14682、15572、16163、27891、30094、30627、40111、40491、41138、42710、43336、43868、43939、73093、78865、79941、83544、89233、90407、92248、96271

6 位数：250153、251155、471206、638471、738262

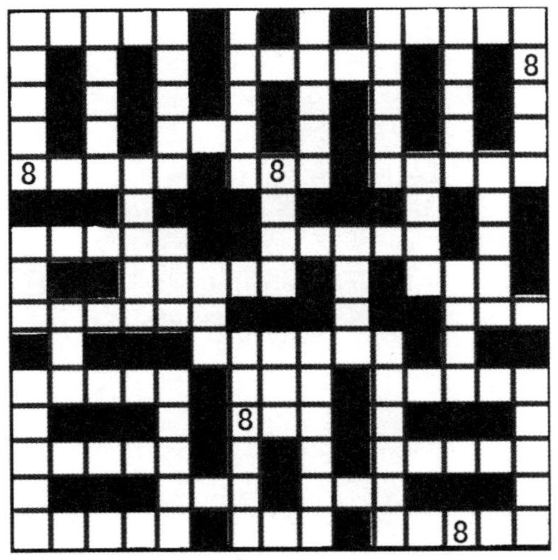

不同数字可以有交叉重叠的部分。

27 在圆内填数

把 1 到 9 这 9 个数字分别填进下图的圆圈中，使每条直线上 3 个数字之和都是 15。

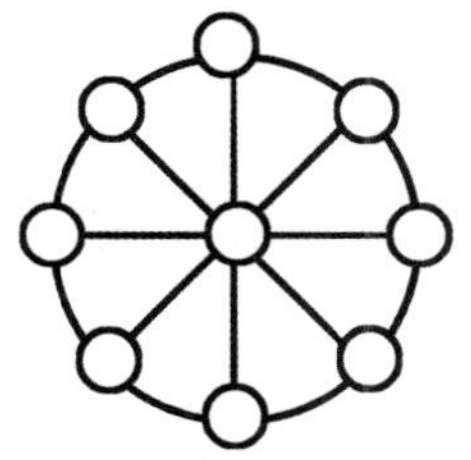

先找出圆心位置应填入的数字。

28 问号处的字符

仔细观察图中的字母与数字，找到规律后，在问号处填上合适的字母。

D	36	I
C	39	M
D	28	?

这道题需要用到乘法。

㉙消失的数字

根据三角形内外数字的变化规律，在每行最后一个三角形中的空白圆圈处填上缺失的数字。

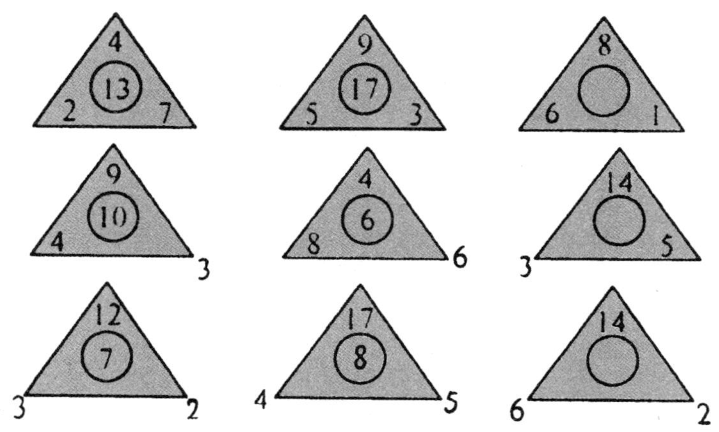

把三角形内外部的数字相加或相减，看能否找到规律。

30 字母代表的数字

图中是一个字母组成的算式，你知道这些字母都代表哪些数字吗？

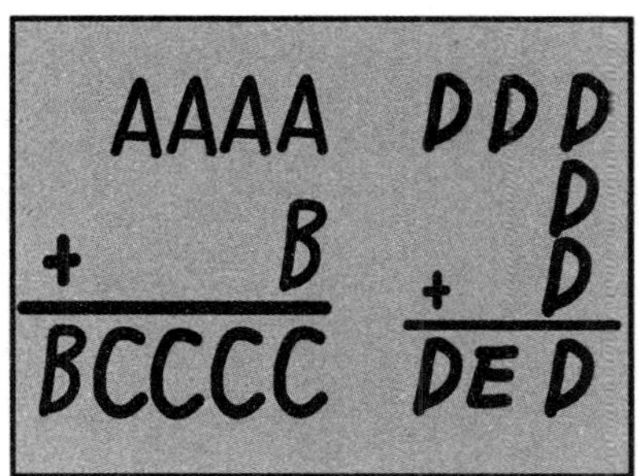

一个数字乘以3，得数的个位还是这个数字，这样的数字有哪些？

31组正方形

如果按照正确顺序排列，以下数字瓷砖可以组成一个方形，横向第1排的数字等同于纵向第1列的数字，以此类推。你能成功地将这些瓷砖组合起来吗？

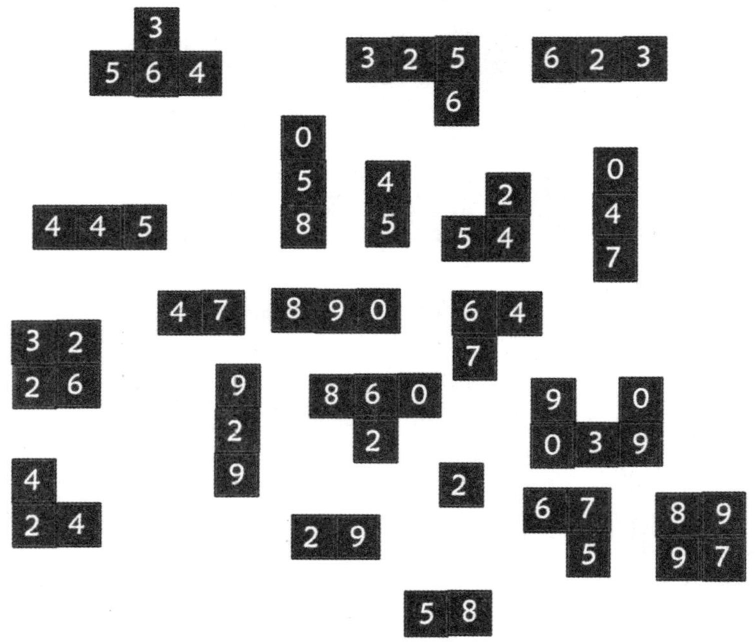

可以给出下面的提示：第一行和第一列的数字排列是4、4、5、6、7、8、9、0。

32填数求和

把从 1 到 19 的数字填进圆内，要求是：在一条直线上的 3 个圆内的数字的总和为 30。

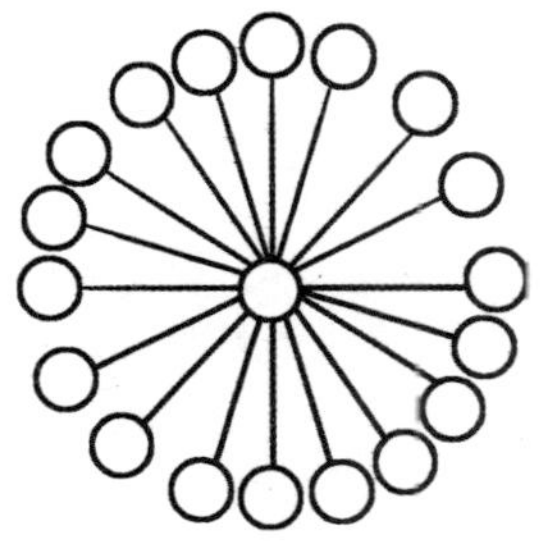

先找出合适的数字填入中心位置的圆内。

33最后一个数字

观察每个方格里面的数字，找到其中的规律后，填上最后一个数字。

7	1	3	6
9	1	7	8
6	1	0	4
5	1	2	?

观察每一行两边的数字与中间两个数字之间的关行关系。

34 图中心的数字

从底部的5个备选数字中，挑出一个合适的数字放入图中心的问号处。

⓪

⑥ ⑤ ④

④ ⑤ ⑦ ② ③

⑤ ② ③ ? ④ ① ③

② ① ⑤ ④ ③

⑨ ⑧ ⑦

⓪

① ③ ⑤ ⑦ ⑨

智慧点拨

先试着找出每行数字中，左右两边的数字与中间的数字有什么联系。

35 最后一张多米诺骨牌

找到图中的规律后，填上最后一张多米诺骨牌。

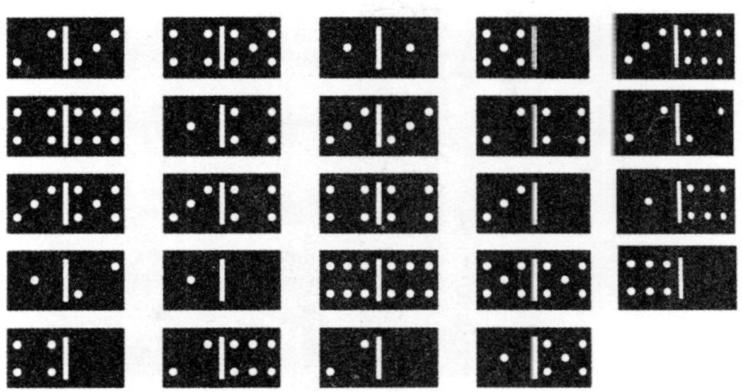

以列为单位进行观察。

36 方格中的数字

观察前两个图形中数字的变化规律，在最后一个图形的问号处填上合适的数字。

7		16		14		8		35		24
	93				62				?	
8		5		20		7		7		5

本题涉及乘法和减法运算。

37 给图框填数

以下图框是按照一定的逻辑排列的，你能找出问号部分应该填入的数字吗？

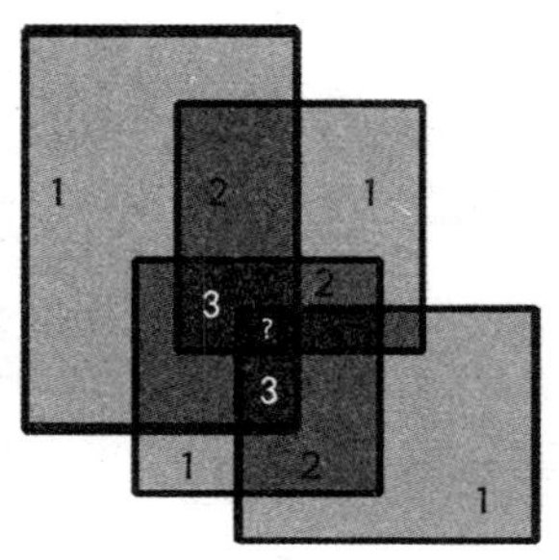

从这些四边形的摆放上去找规律。

38 三角形中心的数字

你能看出各个三角形内外部数字之间的相互关系吗？请根据规律找出问号部分应该填入的数字。

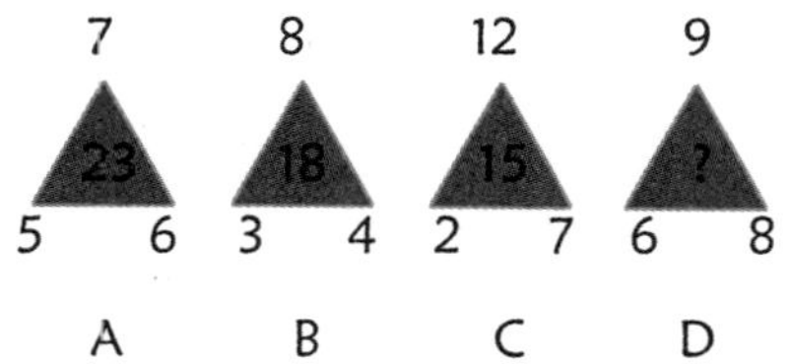

四个三角形中的数相互关联。

39 奇异的九宫格

在矩形的空格内填上数字，要求每一行、每一列和每一个九宫格内都必须包含 1 到 9 这 9 个数字，并且每条对角线上也都有这 9 个数字。

9	6	2				4	7	5
7	4	1				6	3	8
8	3	5				9	1	2
			8	9	6			
			5	2	7			
			4	3	1			
6	2	8				3	5	1
3	7	4				2	6	9
1	5	9				8	4	7

先观察已有的数字，然后在此基础上分析空格处应填入的数字。

40 细胞结构图中的数字

细胞结构图中有一些数字，请你找出其中的规律后，在图形的空白处填上合适的数字。

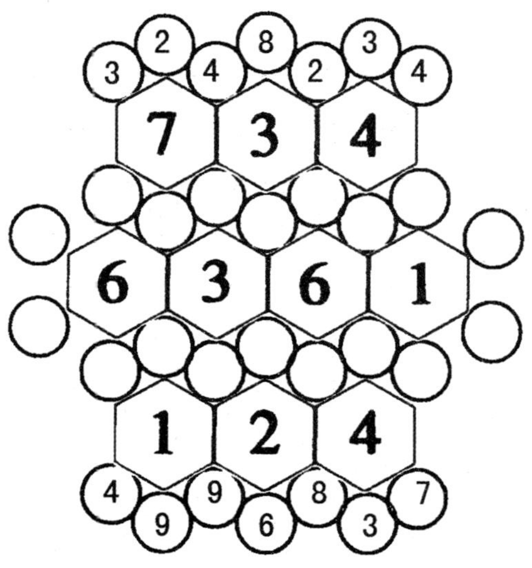

以每个小六边形为单位进行观察。

41 两数之差

最小的三角形已经填上了1到3的数字，你能否在剩下的几个三角形中分别填上1到6、1到10、1到15。要求每个图形中每个数字只能出现一次，而且下面的数字必须是它正上方两个数字的差。

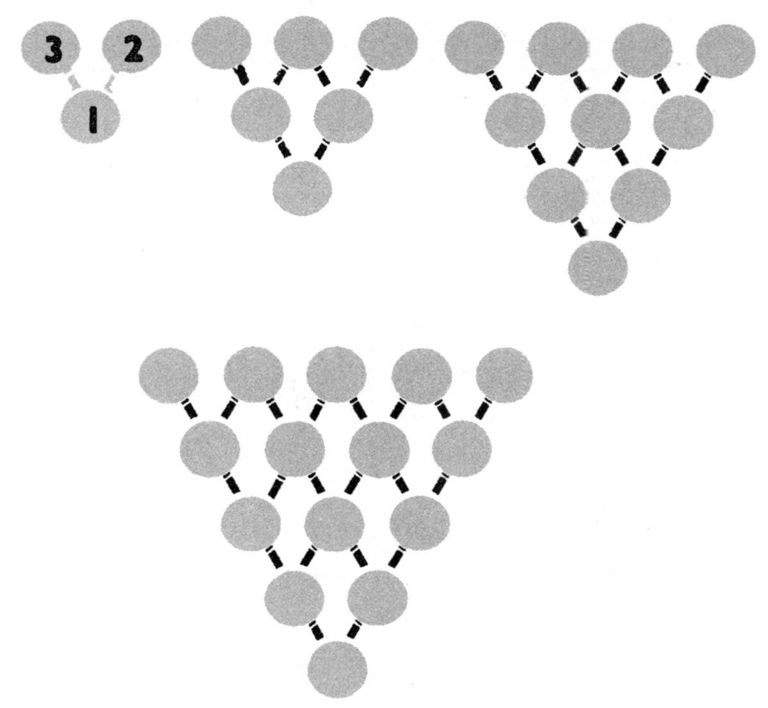

可以试着根据第二点要求由下往上填。

42 正确的变化规律

找出下面图形变化的规律，并在问号处填上合适的图形。

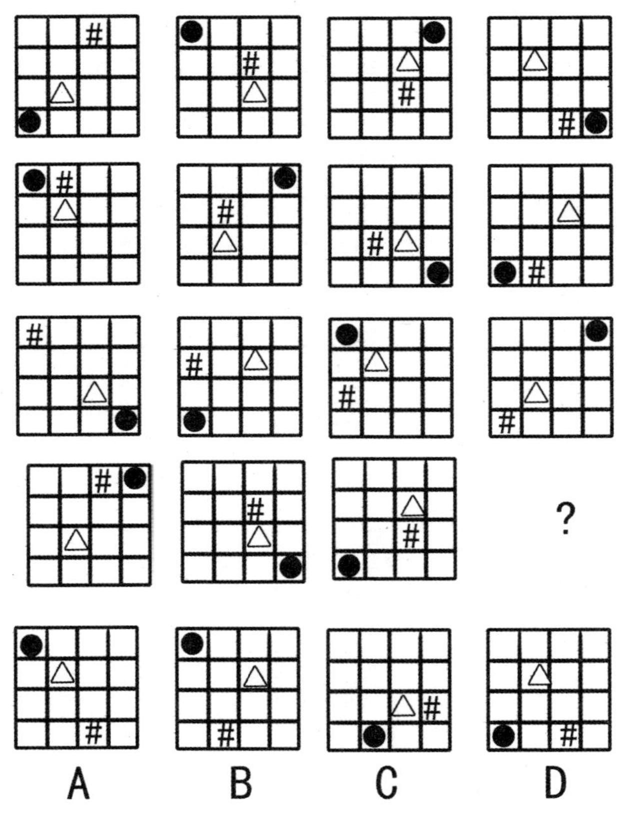

以行为单位观察，每一行图形都是根据相同的规律变化的。

43 圆圈数字填空

观察图中数字的变化规律，在问号处填上合适的数字。

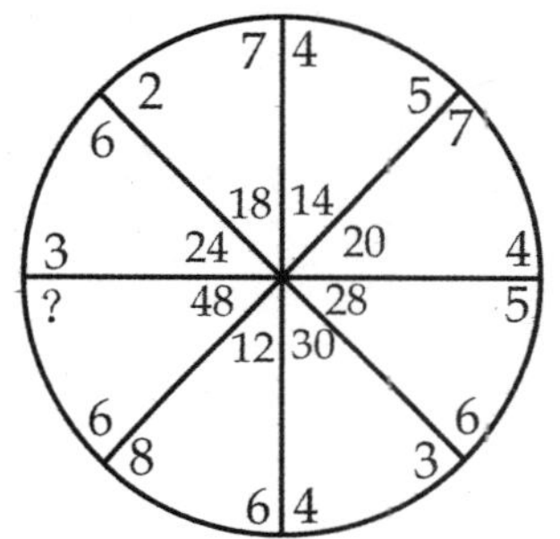

本题涉及乘法运算。

44 圆中缺失的数字

根据规律推断问号部分应当填入的数字？

从 64 这个数字开始找规律。

45 空格处所需的数字

图中空格处应填入什么数字？

9	4	6
0	4	3

7	1	3
0	3	1

5	0	4
0	2	

在每个方框中的数字都要分成上下两部分来看。

46 数字替换字母

图中是一个字母组成的等式。其中每一个字母都代表 0 到 9 中的一个数字。请你仔细推敲，应该用什么数字替换这些字母。要求最后的结果必须是一个正确的加法算式。

先确定 N 是 0 还是 5。

47 缺失的3个数字

下图中缺了3个数字，图中数字的规律后，把缺失的数字补齐。

5	3	2	9	1	6	7	7	5
9	2	6	3	7	6	6	4	3
1	6	3	4	8	5	8	9	3
8	2	4	9	7	6	9	2	1
3	7	2	9	5	8	6	4	5
5	6	3	1	9	2	8	7	9
6	8	5	2	3	4	9	8	6
3	9	2	5	7	8	4	7	7
8	?	5	9	9	4	3	6	3
4	3	9	8	6	9	7	2	6
2	7	6	4	?	6	8	8	5
6	1	7	9	8	6	8	5	6
5	9	2	8	6	5	9	?	5
9	6	7	3	8	5	7	4	9

以行为单位，由上至下，看每一行的数字之和有什么规律。

48填字母

你能用下边正方形内的字母把上边正方形内空白的方格全部填满，并使第 n 列和第 n 行的单词都一样吗?

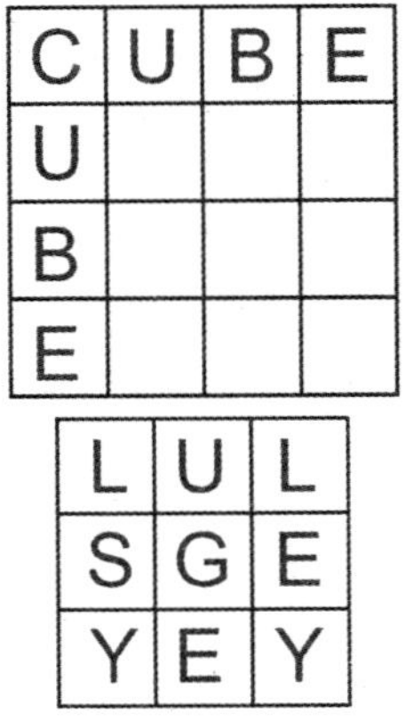

这个游戏重在考验游戏者的逆向思维。

49 矩形中的数字

观察矩形中数字的变化规律，在问号处填上合适的数字。

20	14	28	22
10	268	262	44
16	134	524	38
8	?	70	76

从左下角开始，沿着顺时针方向观察数字有什么样的规律。

50 自行车比赛

5 位自行车手参加比赛，每位自行车手的号码和分别所用的时间之间存在着一定的联系。你能根据其中的规律推算出最后一位自行车手的号码吗？

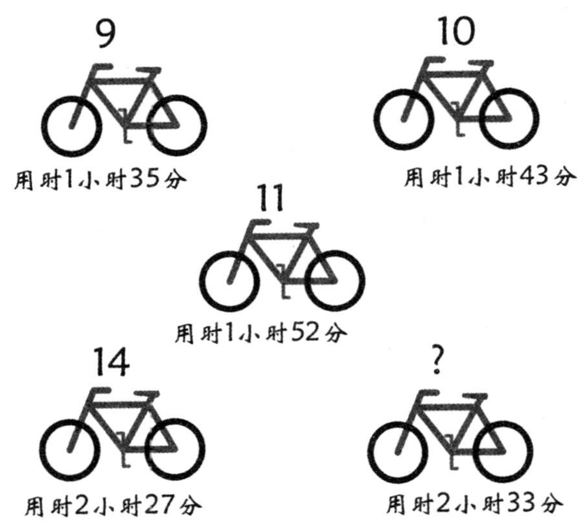

每位自行车手所用的时间都需要经过某种换算才能与他的号码产生联系。

51字母链

图中是一条字母链，请你找出它的规律后，在问号处填上合适的字母。

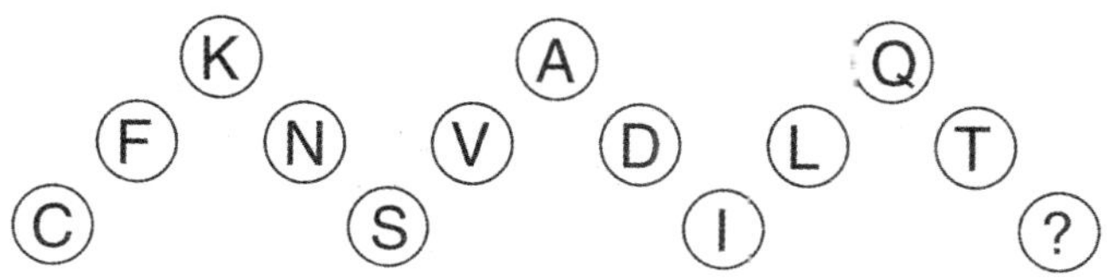

智慧点拨

回答本题时不妨拿出字母表对照一下。

52空白六边形中的数字

仔细观察图中数字变化的规律，在空白的六边形内填上合适的数字。

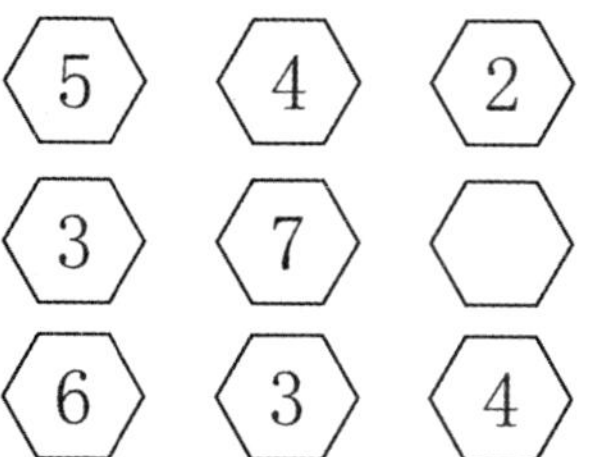

智慧点拨

先看看是以列为组来寻找规律还是以行头组呢?

53字母与数字

图中的数字与字母有一定的排列规则，请你在找到这一规则之后，在问号处填上合适的数字或字母。

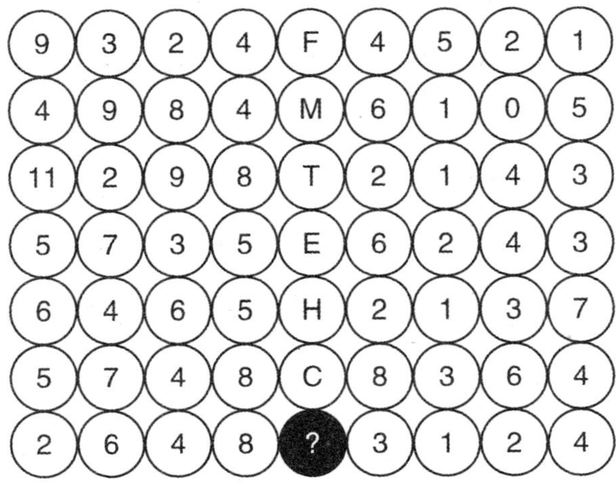

你需要以字母为分界线来观察左右两部分的数字。

54 字母魔方

字母魔方中缺少了一个字母，请你在图下方的备选答案中选择一个合适的字母把魔方补齐。

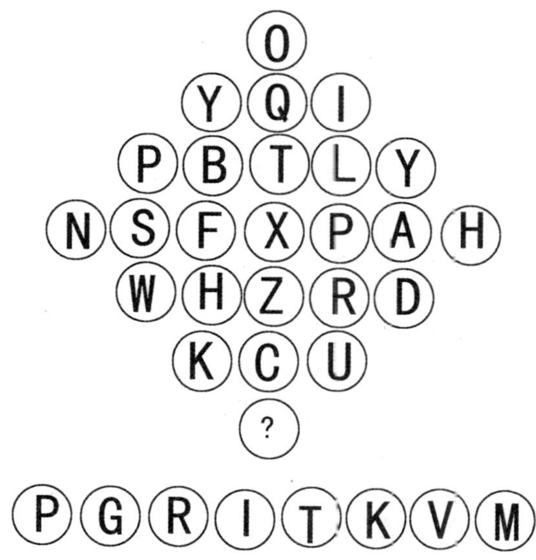

先把整个魔方中的字母按从上到下、从左列到右列的顺序变成一长串字母，再寻找其中的规律。

55 补全等式

四边形外圈中的数学从 17 开始，经过一定的运算，得数正好是中间的 9。问号部分应当填入什么数学符号才能使等式成立呢?

不妨试着倒推，看得数 9 与 3 之间有什么关系。

56 求相同的值

问号部分应当分别放入什么数学符号才能使两边的数字经过运算后得数相同且大于 1？

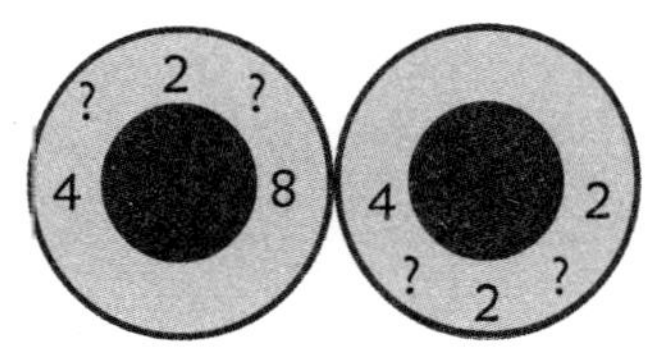

此题答案不唯一。

57 六角星数字阵

在下面这个六角星中，每条直线上的 4 个数字相加都等于 26，尖端的 6 个数字相加等于 30。

你能不能把六角星上的数字变一下位置，使每条直线上的 4 个数字之和是 26，且尖端的 6 个数字之和也是 26？

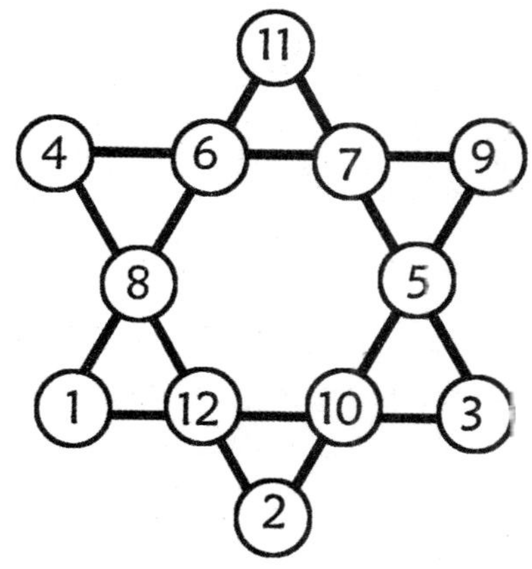

尖端有两个数字位置不变。

58 不规则的字母

仔细观察下图，并填出问号处的字母。

你首先要确定的是这些字母是沿着什么方向变化的。

59 字母片断

图中的矩形缺少了一块字母，请你从右边选出合适的选项，把这个矩形补全。

5	3	7	9	1	1	9	7	3	5
3	4	2	7	8	8	7	2	4	3
7	2	5	1	2	2	1	5	2	7
9	0	1	6			6	1	0	9
1	8	2					2	8	1
1	8	2					2	8	1
9	0	1	6			6	1	0	9
7	2	5	1	2	2	1	5	2	7
3	4	2	7	8	8	7	2	4	3
5	3	7	9	1	1	9	7	3	5

	T	T	
T	Z	Z	T
T	Z	Z	T
	T	T	

1

	H	C	
I	Q	Q	J
C	U	U	I
	J	H	

2

	J	K	
K	X	X	J
J	X	X	K
	K	J	

3

	X	G	
X	O	I	J
G	I	O	D
	J	D	

4

	T	T	
S	M	M	S
S	N	M	S
	T	T	

5

观察一下完整的行和列中的字母有什么规律。

60数字大转盘

下图是一个数字大转盘，请找出其中的规律，并在问号处填上一个合适的数字。

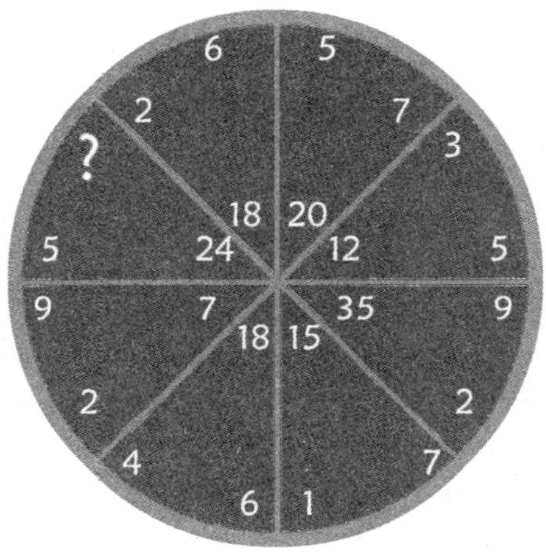

本题涉及乘法运算。

61 三角形里的字母

图中三角形中都放置了一些有规律的字母，请你找到其中的规律后，在最上面一个三角形的问号处填上合适的字母。

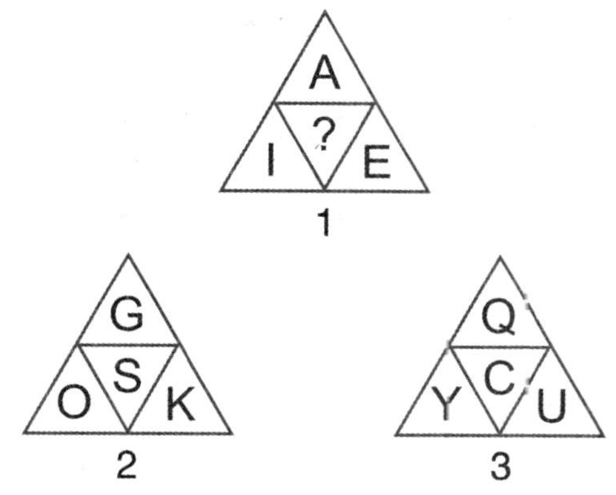

仔细观察下面两个三角形，看其中的字母是按什么方向变化的。

62找出字母的规律

请你找出下图字母变化的规律后，在黑色圆圈的问号处填上合适的字母。

以行为单位观察字母的规律。

63合适的符号

在问号部分填入合适的数学运算符号，从而使左右两部分经过运算得出相同的结果。

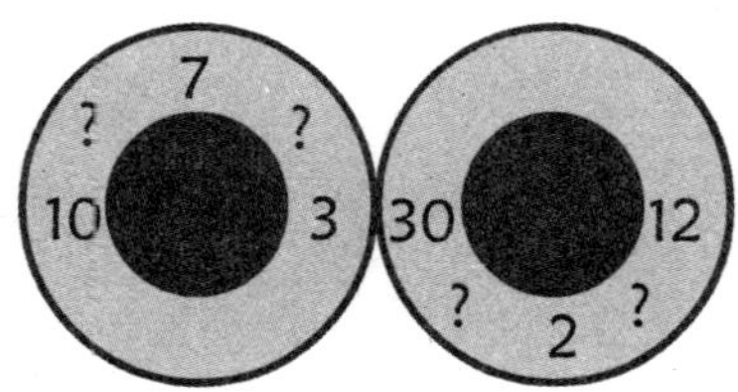

只需两种运算符号即可。

64 复杂的运算

根据规律找出问号部分应当填入的数字。

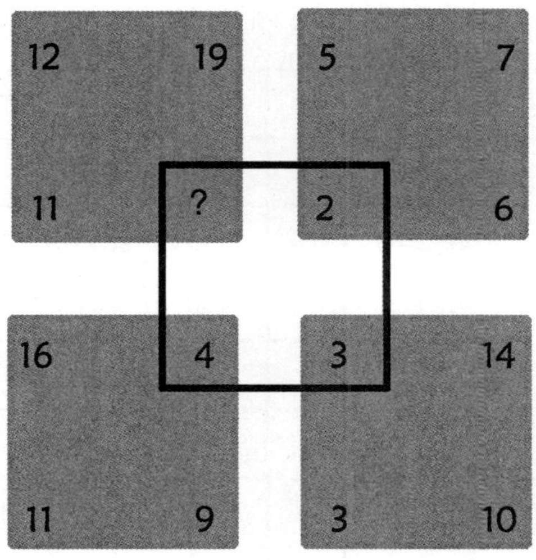

将每个正方形被框起来的数和未被框起来的数视为两部分。

65 删除数字

找出矩形中同一行或者同一列上两个加起来等于“13”的数字，并将其删去，看看到最后还剩哪些数字。

12	3	6	4	5	4	9	7	10	12
9	9	10	8	1	12	5	3	7	4
3	5	12	10	10	6	3	1	8	10
9	4	4	9	8	5	9	9	11	9
10	3	5	5	3	11	8	7	10	3
6	12	8	7	10	2	6	6	4	7
4	9	5	4	5	9	4	8	2	4
7	11	8	2	3	7	11	7	2	6
5	1	4	9	8	8	4	9	6	1
1	4	8	6	8	9	7	5	9	1

做题时要协调好横向和纵向上的数字。

66 多米诺骨牌的摆放

请你把上面的 7 张多米诺骨牌插入相应的位置，要求每一行中要包括 6 组不同的点数，而且这些点数相加之和要与每行右侧的数值相等。同时，每一列也要包括 3 组不同的点数，且这些点数相加之和要与底部的数值相等。

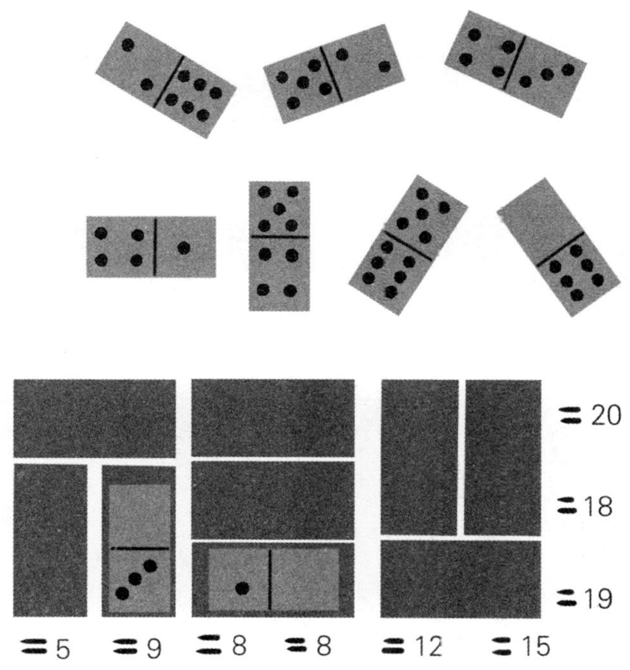

可以先考虑那些已经有牌的行和列。

67 纵横相同的数字

如果按照正确顺序排列，以下瓷砖可以组成一个正方形，且第 n 行的数字与第 n 列的数字相同，以此类推。

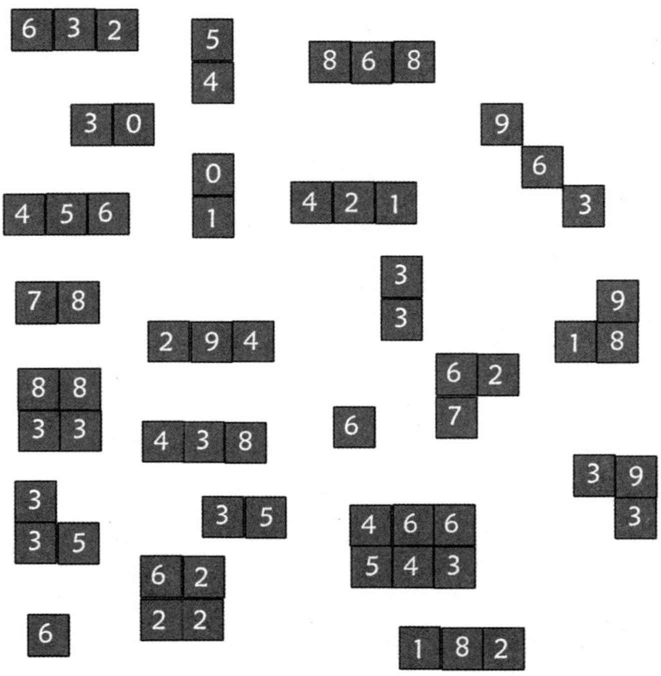

可以给出下面的提示：第一行和第一列的数字是 6、3、2、4、5、6、7、8。

68 填空格

观察下图中的数字板，开动脑筋，猜一猜问号处应填入什么。

智慧点拨

等差数列？不是！等比数列？更不是……这只是按顺序排列的 10 个阿拉伯数字，但是又空出 2 个空格。可以给出的提示是问号处应填的不是数字也不是英文字母，而是两个符号。

本章答案

❶ 如图。

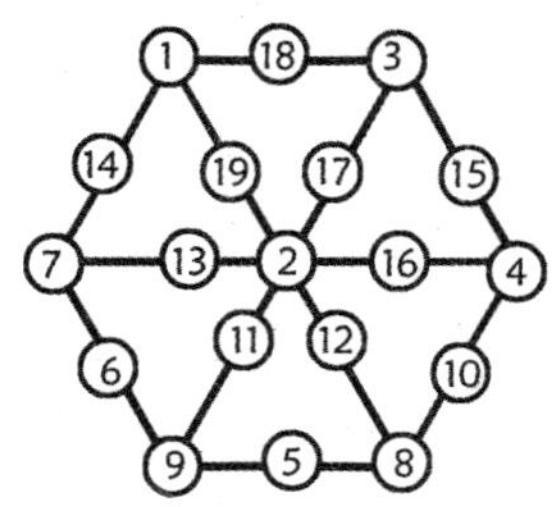

❷ 56。将左上角正方形中的数字乘以2/3，再乘以右上角正方中的数字的2倍，得到的积填入底部的正方形中。

❸ 2。从左到右，把圆圈内的数字相加，可以发现，分别得出 7、8、9、10。

❹ C。只要把小数点后面的数字相加，就能很容易地得出答案了。

❺ 4。把每个正方形中对应位置的数字相加。左边数字的和等于 20，上面的和等于 22，右边的和等于 24，下面的和等于 26。

❻ 如图。

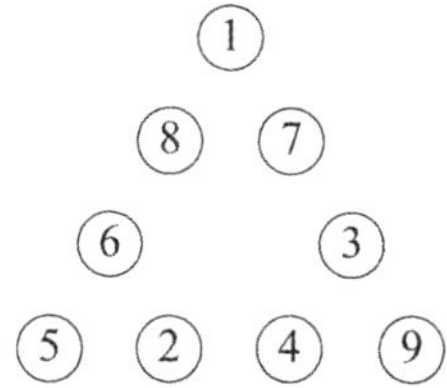

❼ 如图。

-1	3	2	-4
5	-7	-6	8
-8	6	7	-5
4	-2	-3	1

8 6。在每一个正方形中，先将左上角和左下角的数字相乘得到第 1 个积，再将右上角和右下角的数字相乘得到第 2 个积，第 1 个积减去第 2 个积得到的差放入中间位置。

9 384。从右上角开始，按照“先从上到下，再从下到上”的顺序循环行进，用这些数字交替乘以 4 和除以 2。

10 44。数字从顶端开始，按照顺时针方向每隔一个增加一个特定的量，每个圆圈的特定增加量皆不相同，分别为 2、3、4。例如：8 加 2 等于 10，16 加 2 等于 18，10 加 2 等于 12。

11 48。将方框平均分成 4 个部分，每个部分的上面两个数相乘的积放入右下角的格子中，然后用右下角的数字减去右上角数字，将差放入左下角的格子中。

12 1 点整。分针朝前走 20 分，时针朝后走 1 个小时。

13 （4 × 7 ÷ 2+8+9）× 6 ÷ 3=62。

14 38。从左上方开始，数字以均衡的形式成“己”字形移动，数字之差分别为 9、8、7、6、5、4、3、2。

15 如图。

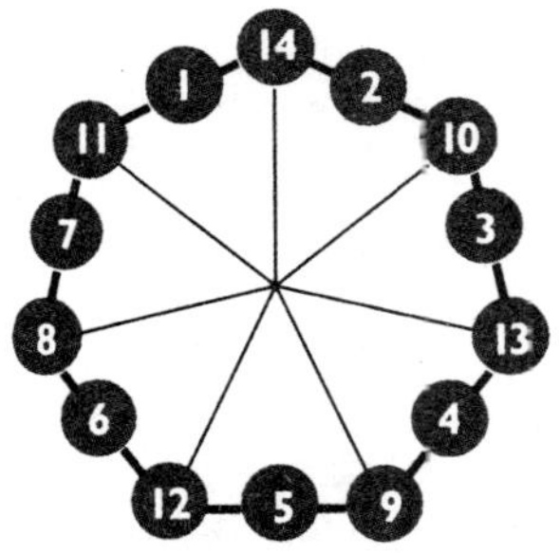

16 S。从图形的顶部开始，按顺时针方向螺旋前进，相邻的字母之间隔着 4 个字母。

17 B。在矩形的每一行中，数字 0 到 9 各出现一次。

18 F。在一个图形中，对角字母所代表的数值之和相等。

19 如图。

7	1	4	4	4	3
3	5	5	3	5	2
5	5	1	3	5	0
1	4	3	2	0	5
3	0	4	5	6	4

20 如图。

3	8	6	1	■	4	2	5	7
0	■	2	4	6	1	7	■	9
4	■	5	0	1	0	9	■	8
9	8	■	3	8	6	■	1	7
■	■	8	1	2	3	4	■	■
7	0	■	1	4	7	■	3	5
5	■	9	8	9	3	6	■	3
0	■	1	9	2	8	2	■	2
2	2	4	0	■	9	3	6	6

21 7。将每个三角形角上的数字加起来，乘以 2，将最终结果放入三角形中间。

22 D。从左向右，黑点移到对角位置再返回来，# 与阴影部分则沿逆时针方向每次移动一个位置。

23 11。把上面两个圆垂直分成两半。在左边圆中，左半边的数字相加等于下面的圆中左上角的数字，右半边的数字相加等于下面的圆中左下角的数字。右边圆中，左半边的数字相加等于下面的圆中右上角的数字，右半边的数字相加等于下面的圆中右下角的数字。

24 B。图 2 是图 1 垂直翻转 180 度再顺时针旋转 90 度，而选项 B 也是图 3 经过同样的翻转和旋转得来的。

25 5。多边形凸角上的数字和是凹角上数字之和的 5 倍。

26 如图。

1	6	1	6	3	■	1	■	7	■	9	0	4	0	7
2	■	0	■	0	■	4	3	3	3	6	■	1	■	8
2	■	8	■	0	■	6	■	0	■	2	■	1	■	8
4	■	7	■	9	2	8	■	9	■	7	■	3	■	6
8	3	5	4	4	■	2	8	3	■	1	2	8	4	5
■	■	■	0	■	■	■	3	■	■	■	5	■	2	■
1	1	2	4	1	■	■	2	7	8	9	1	■	7	■
2	■	■	9	2	2	4	8	■	3	■	2	8	1	■
2	5	1	1	5	5	■	■	■	0	■	■	4	0	0
■	8	■	■	■	4	7	1	2	0	6	■	7	■	■
4	3	8	6	8	■	3	2	5	■	3	0	6	2	7
0	■	■	■	9	■	8	0	0	■	8	■	■	■	9
1	5	5	7	2	■	2	■	1	■	4	3	9	3	9
1	■	■	■	3	2	6	■	5	2	7	■	■	■	4
1	0	8	6	3	■	2	5	3	■	1	2	8	4	1

27 如图。

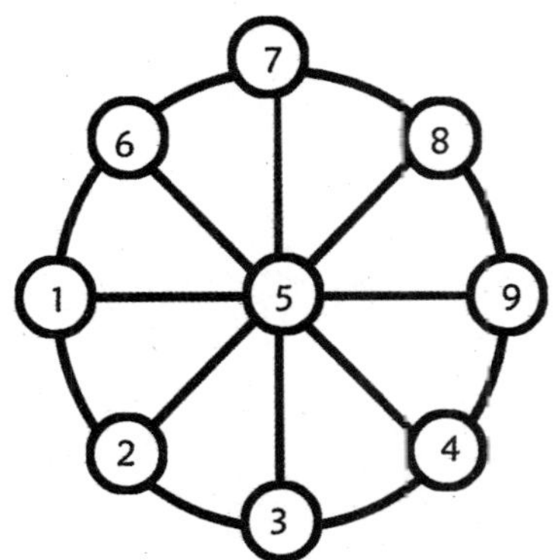

28 G。左右两个字母所代表的数值相乘后等于中间的数字。

29 如图。三角形内部的数字相加，减去三角形外部的数字，等于圆内的数字。

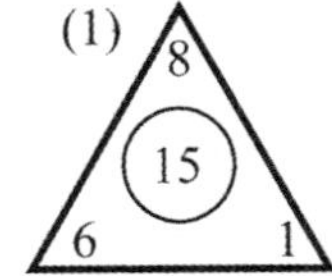

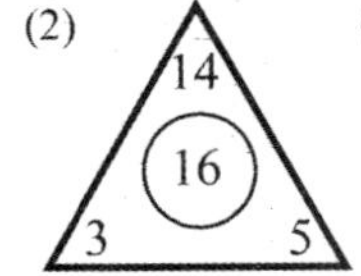

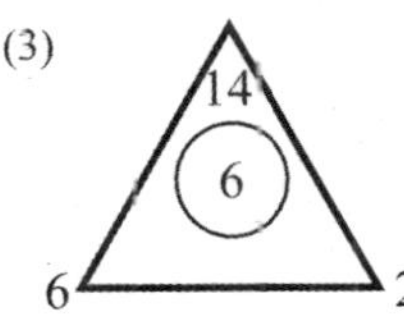

30 如图。由 A 加 B 可以知道，A 必定是最大的数，而 C 是最小的数；三个 D 相加，所得的个位数还是等于 D，那么这个数只有 5 和 0，而算式前面 D 是百位数，所以就排除了 D 是 0 的可能。

$$\begin{array}{r} 9999 \\ +\quad\ \ 1 \\ \hline 10000 \end{array} \qquad \begin{array}{r} 555 \\ 5 \\ +\quad 5 \\ \hline 565 \end{array}$$

31 如图。

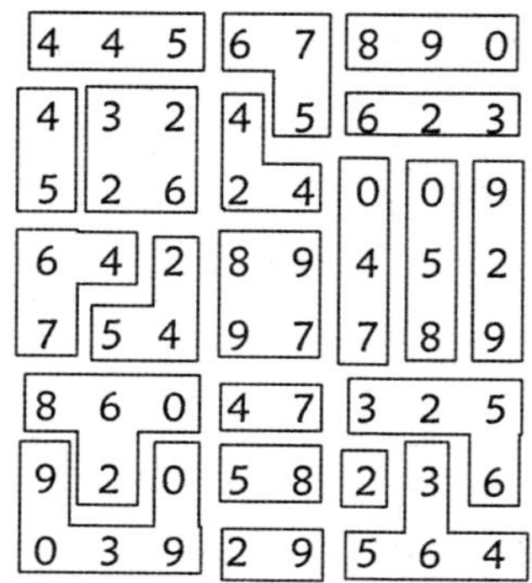

32 如图。

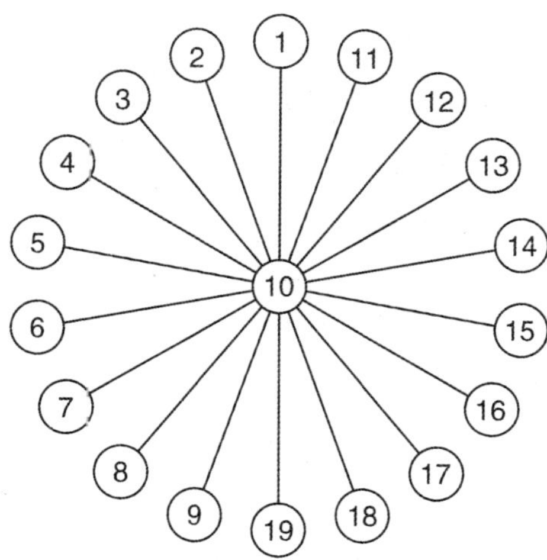

33 7。因为通过观察可以发现，每一行两边方格中的数字相加后等于中间两

个方格中的数字组成的两位数。

34 9。每行中间的数字等于两边数字之和的一半。

35 任何一张点数为 4 的牌都行。每一列多米诺骨牌的点数都是 30。

36 7。将每个图中对角的数字相乘，最大的数减去最小的数就是中间方格内的数字。

37 4。图内数字代表叠加在一起的四边形的个数。

38 21。将每个三角形各个角上的数字相加，得出的和放入下一个三角形中间，三角形 D 3 个角上的数字之和放入三角形 A 中。

39 如图。

9	6	2	**3**	**1**	**8**	4	7	5
7	4	1	**9**	**5**	**2**	6	3	8
8	3	5	**6**	**7**	**4**	9	1	2
5	**1**	**3**	8	9	6	**7**	**2**	**4**
4	**9**	**6**	5	2	7	**1**	**8**	**3**
2	**8**	**7**	4	3	1	**5**	**9**	**6**
6	2	8	**7**	**4**	**9**	3	5	1
3	7	4	**1**	**8**	**5**	2	6	9
1	5	9	**2**	**6**	**3**	8	4	7

40 如图。每个六边形底部的 3 个球中数字之和减去六边形顶端的 3 个球中的数值和，等于这个六边形中间的数。

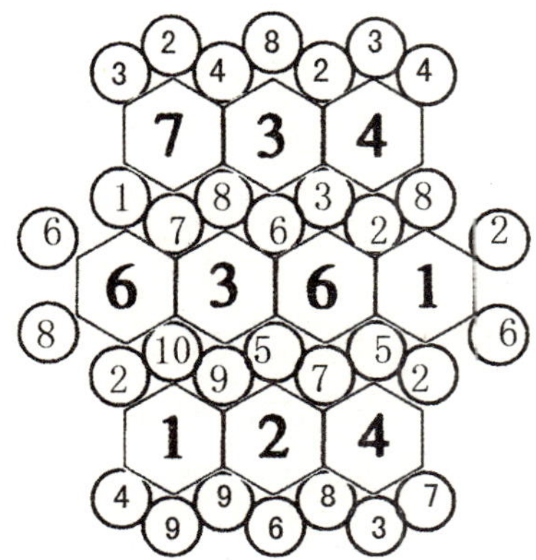

41 如图。

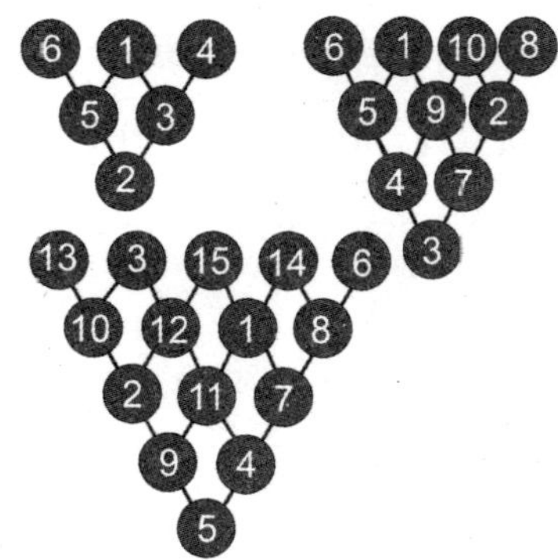

42 A。在每一行中，黑色圆点是按照顺时针的方向围绕在四个角排列的；# 是按照纵列从上往下排列的；△则是沿逆时针，在中间四个小正方形中排列的。

43 4。外圈每相邻两个数字相乘，积等于顺时针方向的下一格内圈数字。

44 1。从 64 开始，沿顺时针方向，依次减去 1、2、4、8、16、32，得数与被减数相隔一个数字。如 64 减 1 等于 63，63 与 64 中间隔着一个 49；63 减 2 等于 61，61 与 63 隔着一个 33。

45 1。在每个方框中，上方的三位数除以下方的两位数，结果分别为 22、23 和 24。

46 850+850+29786=31486。

47 这三个数字分别是 6、9、8。以行为单位，由上至下，每一行的数字之和分别是 45、46、47、48、49……以此类推。

48 如图。

C	U	B	E
U	G	L	Y
B	L	U	E
E	Y	E	S

49 140。从左下角起，按顺时针方向由外及内，数字的变化规律为第一个数乘以 2 为第二个数．第二个数减去 6 为第三个数，第三个数乘以 2 为第四个数，第四个数减去 6 为第五个数，以此类推。

50 15。将时间折合成分钟数，再除以 10，小数点后的忽略不计。

51 Y。从左到右，左边第一个字母与第二个字母之间相隔 2 个字母，第二个字母与第三个字母之间相隔 4 个字母，第三个字母与第四个字母之间相隔 2 个字母，如此循环。

52 8。每一列上的数字相加都等于 14。

53 J。每一行中，字母左边数字之和与字母右边数字之和的差等于中间字母的对应数值。

54 G。每一列的字母由上而下、从左列到右列，每两个字母之间间隔的字母数为 1、2、3，1、2、3，1、2、3……以此类推

55 –，–，×。（17–9–5）×3=9。

56 左边：÷（或 –），×；右边：×，×。

57 如图。

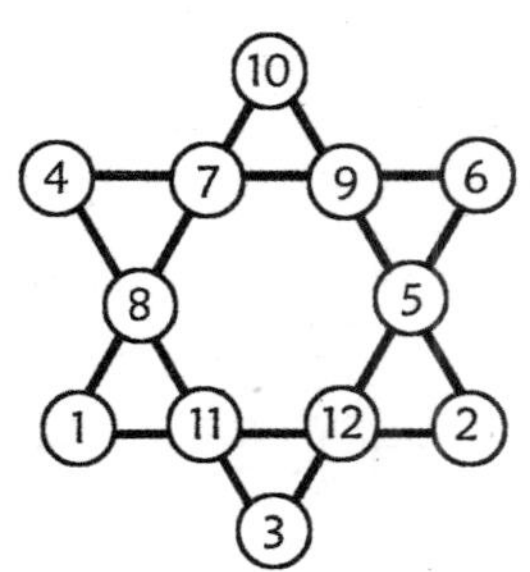

58 从左向右的字母为：K、A、H。从左上方的 J 开始，沿顺时针方向螺旋向中心前进，相邻的两个字母之间相隔 4 个字母。

59 1。填入选项 1 之后，矩形中的全部数字沿纵横两条中心轴对称。

60 4。将每一个格外圈的两个数字相乘，乘积等于沿顺时针前进两格的内圈中的数字。

61 M。每个三角形都从顶端字母开始沿顺时针向中心旋转，可以发现每两个字母之间均间隔 3 个字母。如 A 和 E 之间、E 和 I 之间、I 和 M 之间均隔着 3 个字母。

62 第二行字母是 A，第五行字母是 H。每行字母按照从左到右的顺序看，相邻的两个字母之间间隔的字母数第一行是 3，第二行是 4，第三行是 5，以此类推。

63 左边：+，+；右边 +，-。

64 7。将每个正方形不在黑框内的 3 个数相加，得到和 A。将 A 个位和十位上的数字相加，得到 B。A 除以 B 得到的商放入框内的小正方形中。

65 最后只剩下 1、7、9、8。

66 如图。

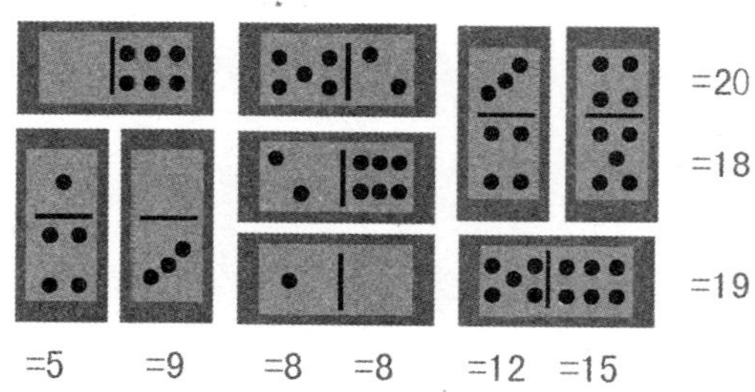

67 如图。

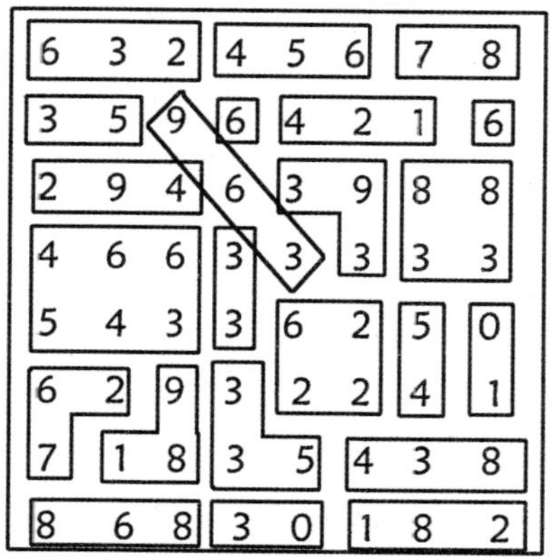

68 应该填 * 和 #，这个数字板所展示的其实就是电话机上的键盘排列。

图书在版编目 (CIP) 数据

烧脑天团：好玩到停不下来的图形游戏 / 李洁著．—北京：中国法制出版社，2019.1

ISBN 978-7-5093-9734-3

Ⅰ．①烧…　Ⅱ．①李…　Ⅲ．①智力游戏　Ⅳ．① G898.2

中国版本图书馆 CIP 数据核字（2018）第 266689 号

策划编辑：李佳（amberlee2014@126.com）

责任编辑：李佳　王悦（wangyuefzs@163.com）　　封面设计：古涧千溪

烧脑天团：好玩到停不下来的图形游戏

SHAONAO TIANTUAN：HAOWAN DAO TING BU XIALAI DE TUXING YOUXI

著者 / 李洁

经销 / 新华书店

印刷 / 三河市紫恒印装有限公司

开本 / 880 毫米 ×1230 毫米　32 开　　印张 / 8　字数 / 128 千

版次 / 2019 年 1 月第 1 版　　2019 年 1 月第 1 次印刷

中国法制出版社出版

书号 ISBN 978-7-5093-9734-3　　定价：36.00 元

北京西单横二条 2 号　邮政编码 100031　　传真：010-66031119

网址：http://www.zgfzs.com　　编辑部电话：010-66034985

市场营销部电话：010-66033393　　邮购部电话：010-66033288

（如有印装质量问题，请与本社印务部联系调换。电话：010-66032926）

本书图片提供：shutterstock